华夏智库
金牌培训师
书系

企业税务健康检查实务

QI YE SHUI WU JIAN KANG JIAN CHA SHI WU

潘继杰 著

图书在版编目（CIP）数据

企业税务健康检查实务 / 潘继杰著 .—北京：中国财富出版社，2014.3
（华夏智库·金牌培训师书系）
ISBN 978-7-5047-5096-9

Ⅰ.①企… Ⅱ.①潘… Ⅲ.①企业管理－税收管理－中国
Ⅳ.① F812.423

中国版本图书馆 CIP 数据核字（2014）第 007568 号

策划编辑 黄 华　　责任印制 方朋远
责任编辑 周 南 姜莉君　　责任校对 饶莉莉

出版发行 中国财富出版社
社　址 北京市丰台区南四环西路 188 号 5 区 20 号楼 邮政编码 100070
电　话 010-52227568（发行部） 010-52227588 转 307（总编室）
010-68589540（读者服务部） 010-52227588 转 305（质检部）
网　址 http://www.cfpress.com.cn
经　销 新华书店
印　刷 三河市西华印务有限公司
书　号 ISBN 978-7-5047-5096-9/F·2088
开　本 710mm×1000mm 1/16　　版　次 2014 年 3 月第 1 版
印　张 17.25　　印　次 2014 年 3 月第 1 次印刷
字　数 238 千字　　定　价 35.00 元

序 言

中国税收之复杂人尽皆知。复杂的税收体制给企业业主和财务人员带来了不少困惑，纳税让每一个企业主都很敏感。许多企业老板在被税务机关检查时说："我们不怕公安局，不怕检察院和法院，就怕税务局。"有这样一则笑话：某地方举行一场比赛，看谁能够用手将柠檬榨干。比赛开始，先后来了若干个大力士，压了若干遍，直到再也榨不出汁液来。后来，上来一个瘦小的老头，只见他用手轻轻一捏，又榨出很多汁来。主持人问他的职业，他说搞税收的。虽然这是一则笑话，却也道出了老百姓的心声：税务人员有点狠。在税务方面，谈"税"色变、"不做亏心事，也怕税务局敲门"是许多财务人员的真实写照。原因在于他们并不清楚自己公司的税务是否真正健康，是否经得起检查。俗话说，患者逃税、蠢者偷税、智者避税、高者筹划，而要达到最高境界，则必须清楚目前企业的税务发展是否真正健康。

而我们要做的事情是：帮你做健康检查，然后对症下药。如同医生给人看病，不少患者不清楚自己是否患病以及患何种病，经过医生的诊断后他能改变心境：有病治病，无病放心。

正是基于上述目的，《企业税务健康检查实务》应运而生。编写本书的过程中，我们尽可能采用通俗易懂的方式阐述相关的内容，其中不乏采用图表说明、引用案例。本书以挖掘不健康的可能因素为线索，从审计的思路，介绍了不同税种健康检查方式和应对方案，具有较强的操作性。

我们希望这是一本能真正帮到您的税收实务操作书。阅读本书，您不会失望。

本书能在较短的时间内出版，真诚感谢秦富洋、张旭婧、王京刚、陈宁华、王军生、辛海、蒋志操、王咏、赵国星、王奇珍、陈妙峰、江晓兴、王道国、张艳杰、赵志刚、吴波等人在制图、文字修改以及图书推广宣传方面的协助。

作　者

2013 年 9 月

目 录

第一篇 税务健康检查概述

第二篇　税务健康整体检查——从报表看症状

第三篇　分税种检查——把脉重点税费

第四篇 税务健康检查结果——诊断报告及对症下药

第一篇　税务健康检查概述

第一章　税务健康检查概述

第一节　税务健康检查的概念和特点

一、税务健康检查的概念

顾名思义，税务健康检查就是对企业税务的健康情况进行检查。通俗地讲，税务健康检查是指，为了降低企业经营过程中的税务风险，依据现行的法律法规，进行涉税事项合法合规检查，并对涉税管理内控制度进行评价。

税务健康检查通常由本企业财务部门或有资质的第三方中介机构进行，对专业的程度要求较高。

通过税务检查，可使企业管理层了解本企业是否遵守了税收的相关法律法规，存在哪些可能给本企业带来税收风险的不合规操作，以寻找合理税收筹划的空间。

二、税务健康检查的特点

税务健康检查主要针对企业自身或中介组织人员，不同于来自税务机关的稽查。其主要具有以下特点：

1. 自愿性

出于企业的自身要求，税务健康检查不受行政干预。有的企业因为考虑成本因素，未聘请专业的税务人员，对日常税收事项的处理没有把握，不能确认是否存在税收风险，因此，往往需要外部人员为其检查和分析。有的企业即使有税务方面的高级人才，但由于企业事务的烦琐使其精力不够，再加上个人能力和信息的局限性，聘请外部实力雄厚的中介机构也成为一种选择。但无论何种情况，都不具有强制性，而是一种自愿的行为。

2. 灵活性

税务健康检查可以在企业认为有必要的任何时间进行，因此，在时间上具有灵活性。财务负责人新上任时，为了分清前后任负责人的税务责任，可以在交接前进行税务健康检查；企业发生重大经营事项时，为规避重大事项造成的税务风险，可以进行事前检查；当国家出台新的税收政策时，可以进行健康检查以评价政策对经营的影响；在年度汇算清缴前，为了顺利地完成汇算清缴工作，也可以先行健康检查。另外，检查时专业人员需要进行大量的分析推理，操作上也有很大的灵活性。

3. 专业性

税务健康检查是一种高智力的工作，需要相关人员具有很强的专业技能，有时需要专家团队的集体力量才可以完成。

第二节 税务健康检查的重要性

在市场经济体制下，企业的经营方式多种多样，由于经营的多样性变化导致的税收风险也越来越多，加上政府好像“很差钱”，税务机关稽查

的力度也一年比一年加大。然而，企业抵抗税务风险的能力并未同步增强，借助外部专业力量进行税务健康检查就显得格外重要。

1. 进行税务健康检查，可有效防止无意识偷税或多缴税

在我国，大部分企业纳税处于国家权威的强制性，缺少自觉性和主动性。被动地纳税使得企业没有从整体上把握经济业务的税收适用法规，进而导致企业纳税不准确，没有尽到依法纳税的义务和享受依法节税的权利。同时，由于企业对自身权益的不清楚，一味迎合税务征收机关的要求，导致企业有些利益没有享受到或利益受损时缺少维权意识。由于办税人员业务素质的限制，对税法的掌握不准，虽然可能主观上没有偷税意识，但是在实际的业务操作中并没有按照税收法规的要求去做，或者即使表面上符合，但是事实上却导致偷税，给企业带来了税收风险。很多时候，企业是因为对税收政策不了解而导致账务处理不规范，从而无意识地偷税漏税。例如，交错税，该交增值税却交了营业税。用错税率，明明成为一般纳税人了，地税申报表上作为计税依据的增值税却仍然按简易征收计算。所以，定期由专业人员进行税务健康检查，这种无意识的偷税或多缴税的现象才能得到有效制止。

2. 进行税务健康检查，可帮助企业不踩到税收政策的雷区

例如，年终奖的个人所得税申报，是企业每年年底要考虑的事情，然而，稍有不慎，便可能踩到税收政策的雷区。根据现行的《年终奖个人所得税计算征收办法》，当年终奖达到某一临界金额时，超过这一金额多发的奖金反而要低于多交的个人所得税，因而会产生企业多发奖金个人却少得收入的不合理现象。这些奖金区间起着增税减收的作用，造成税后收入减少，这对纳税人来说其实就是“雷区”。所以，哪怕是多发奖金，也应三思而后行。同样，其他税种也存在这样那样的税收“雷区”，需要致力于税收政策研究的专业人士指导才可避免踩雷。

3. 进行税务健康检查，可以纠正企业不合规操作，避免税务风险

企业可能会在各个环节出现不合规操作，没有系统的健康检查，税务风险就像地雷一样随时可能被引爆。通常来讲，不规范甚至违法的业务操作行为有：虚列增值税进项发票，非法购进项增值税专用发票；销售不入账或设立内外账，偷逃增值税、营业税、企业所得税；使用不合法凭证入账，加大经营成本，偷逃企业所得税；会计核算不规范，偷、漏企业所得税；化整为零、虚列人头，偷、漏个人所得税；预收货款、账款，延迟申报税费，等等。

4. 进行税务健康检查，可以弥补税企之间由于信息不对称造成的负面影响

目前，我国税务机关与纳税人之间存在严重信息不对称，这也是增加纳税人税务风险的重要原因之一。有相当一部分具有适用性、比照性的政策处于非公开状态，税务机关对于政策法规的宣传力度不够，一般仅限于有效范围的解释。对于新出台的税收政策，缺乏提醒纳税人予以关注的说明，很容易误导纳税人，使其陷入税收陷阱。

如果由具有专业能力的中介机构为企业做税务健康检查，这种信息的不对称可得以弥补。专业的注册税务师时刻在关注国家税收政策的变化，他们能为企业带来最新的和最适用的税收政策分析。

5. 进行税务健康检查，可以为企业挖掘税收筹划空间，实现节税

税收筹划不是偷逃税款，必须在合法的前提下进行，这样就会使其具有客观存在的区间。虽然一切税种都可以筹划，但并不是每种税都有相同的筹划空间，其筹划的途径、方法及产生的效益各不相同。税收筹划是一项复杂的工程，并不是一般的会计人员所能胜任的。

进行税务健康检查，可以发现企业的经营特征，了解主要税负的弹性大小，捕捉筹划的突破口，然后选定时机进行税收筹划。

第三节　税务健康检查的范围

税务健康检查包括以下几个方面：

1. 通过检查税务管理流程合规合法性，了解税务内控管理是否健全

2. 通过检查财务凭证，结合内控管理，判断会计事项的税务处理是否合规合法

3. 通过指标测算和重新计算，核实税款申报和缴纳是否正确

第四节　税务健康检查与税务稽查

税务健康检查和税务稽查的执行主体不同，其目的、工作内容和程序也各不相同，二者的区别主要体现在以下方面：

1. 主体不同

税务健康检查的主体是企业内部财税人员或税务师事务所；税务稽查则由依法享有稽查权的税务机关进行。

2. 对象不同

税务健康检查由企业自己安排，检查的对象视企业具体情况而定，可以对全部税收事项进行检查，也可以只对某个税种进行检查，或者仅对发生的某个经营事件进行税务检查；税务稽查通常由税务机关通过一定的方法筛选或抽样，按照稽查计划，选择一定行业确定对象，当企业被公民举

报时，被稽查就成为可能。

3. 目的不同

企业自主进行税务健康检查，目的是完善税务管理内控，抵御税收风险；税务稽查则是由税务机关行使执法权，发现和纠正违法行为，保护国家的税收。

4. 结果不同

税务健康检查后要出具《健康检查报告书》及《化解风险初步建议书》，所有问题和应对办法需与企业管理人员商讨后执行；税务稽查完成后，税务机关将根据稽查结论，出具《税务处理决定书》，通常企业需要补交税款和相关滞纳金甚至罚款。

税务健康检查可以帮企业适时改善税务管理，有助于企业积极应对税务稽查；税务稽查的进行，反过来也可以推动日常健康检查的实施。

第二章　税务健康检查的总体思路和流程

第一节　税务健康检查的总体思路

税务健康检查的目的是要找出企业账务处理和报表中的不健康因素，然后对症下药。而影响账务健康的因素既有内部的，也有外部的。企业报表所反映的企业财务状况和赢利情况应当与外部环境相协调，与行业的平均水平基本一致。通常来讲，通过报表项目检查，可以发现不健康因素。

财务会计报表是会计主体对外提供的反映会计主体财务状况和经营成果的报表，也是注册税务师了解企业纳税情况的窗口。通过对财务会计报表数据信息以及各报表之间数据勾稽关系的对比分析，能够反映企业的经营状况及税收整体遵从度，从而对企业存在的税务风险形成一个整体的判断。阅读报表时，进行财务报表分析相当重要。首先应重点关注资产负债表，其次才是利润表，现金流量表在分析中只起辅助作用。国内中小型企业往往主观上通过少做收入、多列成本费用实现少交税款的目的。少做收入在利润表中看不到，多列成本费用也无法针对性判断，所以分析的重点在资产负债表而不是利润表。由于任何经济业务信息，只要企业账上有反映，必定在资产负债表上留下痕迹。通过分析资产负债表项目，结合利润表和现金流量表可以发现企业是否少做收入。各大报表的作用分别是：

（1）资产负债表——时点数，反映财务状况。

（2）利润表——时期数，反映经营成果。

（3）现金流量表——时期数，反映现金变动。

（4）所有者权益变动表——时点数+时期数，反映所有者权益变动。

（5）财务报表附注——财务情况补充说明。

下面看一看不同制度下报表的体系。

1. 会计准则报表体系

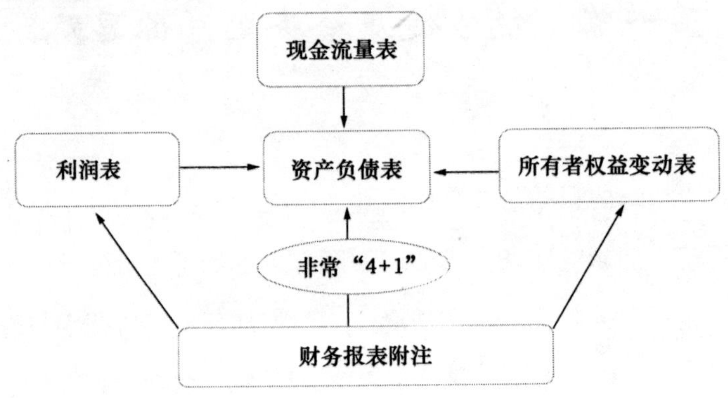

2. 企业会计制度报表体系

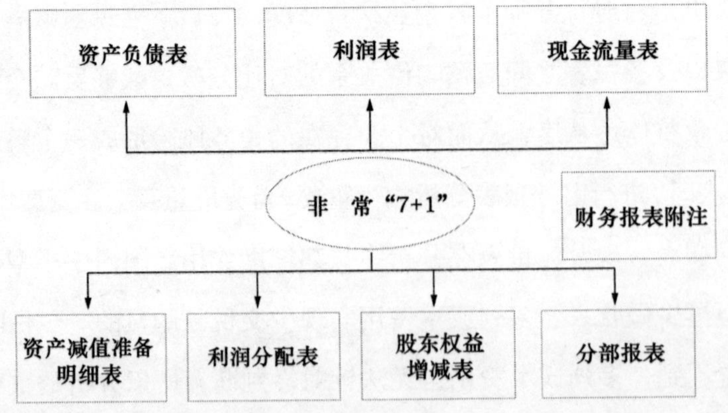

3. 小企业会计准则报表体系

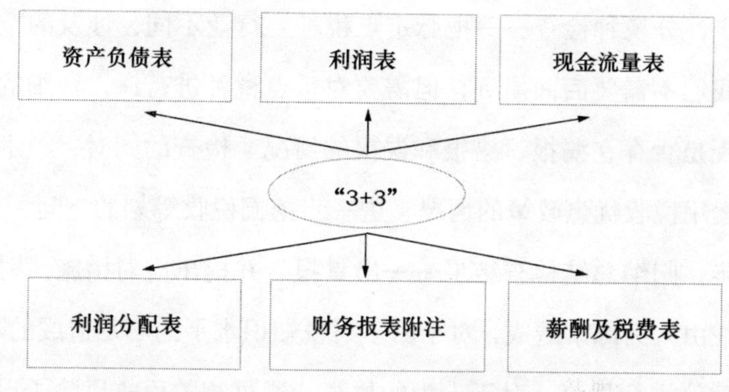

4. 小企业会计制度报表体系

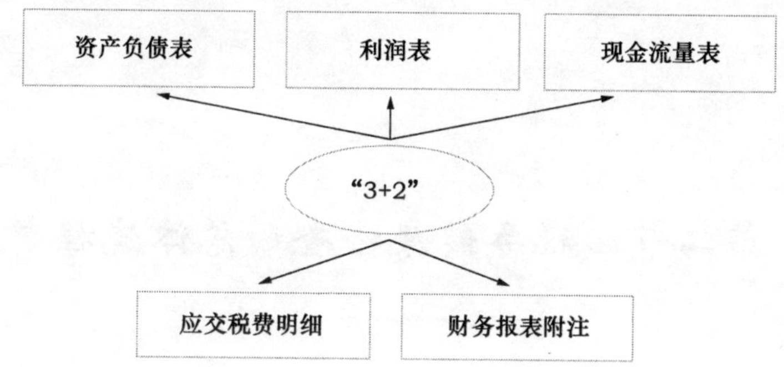

无论哪种体系下，都必有资产负债表、利润表、现金流量表和财务报表附注。资产负债表是企业的底子，企业有多少财产在此表体现；利润表是企业的面子，展现企业到底有多少赢利；现金流量表是企业的日子，有充足的、流动性好的现金才能让企业过好日子；附注是企业的帖子，它让企业的财务数据变得生动、形象。在工作中，我们先要根据外部环境对报表进行合理性分析，然后再用“税眼”看报表，找出不健康因素。

归纳起来，健康检查的总体思路如下：

第一步，整体检查——从报表看症状。从外部环境入手，了解企业财务报表状况整体上是否与企业所处行业相符；从报表间存在关联的项目入手，了解是否存在相互矛盾的情况。如果存在不协调或矛盾的情况，要进一步查明原因。

第二步，分税种检查——把脉重点税种。行业不同，涉及的重点税种也不同，我们不需要面面俱到，但需要对重点税种进行深入详细的了解和计算，发现是否存在漏报、错报和误报的情况。检查的同时，了解是否存在未充分运用税收优惠政策的情况，进一步挖掘税收筹划的空间。

第三步，归纳总结检查结果——出具报告并提出应对措施。财务报表不健康往往由人为因素造成，对于由于财税知识水平的不足造成的不健康，通过改进建议进行规范；对于人为的故意，通过相关税收风险予以提醒。总之，通过报告的出具，可以使企业管理层更了解自己的企业存在的财税问题。

第二节　税务健康检查的总体流程

税务健康检查一般从财务报表和纳税申报表入手，通过核对和分析报表和申报资料的差异进行检查。总体流程如下表所示。

程序	准备工作	调查了解	出具报告	改进建议
主要工作	1. 与负责人商谈，了解公司业务模式和流程 2. 收集与企业经营相关的重要政策 3. 评价可能存在的税务风险	1. 获取企业财务信息与纳税情况，确认是否存在问题 2. 审阅凭证、账册，收集证明性材料	编写健康检查报告	提出化解税务风险的初步建议

注：每一步工作均需有文字记录，并形成档案

第二篇

税务健康整体检查——从报表看症状

第三章　财务报表异常情况检查

第一节　企业环境与财务报表协调性检查

一、财务报表与宏观经济环境是否协调

中国企业的兴衰与宏观环境的变化及经济政策的变动有着十分密切而微妙的关系。例如，1997年的亚洲金融危机导致市场萎缩；1998年，秦池、巨人、南德、三株、亚细亚等企业发生现金流断裂；2004年，在由能源危机而引发的经济调控中倒下了铁本、顺驰、德隆、托普和科龙等企业；在2008年美国次贷危机引发的国际金融危机中，倒下了太子奶、江龙、南望等企业。

利率、汇率、货币供应量等宏观经济指标通过影响企业生产要素的供求关系、产品的销售价格等，影响企业的财务状况、经营业绩和现金流量。宏观经济不景气时，企业产品销售可能出现困难，销售量和价格下降，信用销售的比例增加或信用期延长，当这些影响反映在会计报表中时，会计报表就会出现以下特点：资产负债表中的存货和应收款项增加，利润表中的营业收入和净利润下降，现金流量表中的经营活动净现金流量下降或出现负数。而当经济复苏时，会计报表则会出现相反的特点。

取得报表，先要将其与宏观经济环境进行协调性检查。

宏观环境与企业财务报表协调性检查

相对于上年，本年的宏观经济状况是：□ 1. 景气；□ 2. 不景气

对当前宏观经济状况的描述：

宏观经济条件下的财务报表

宏观经济情况	表现		报表项目的反映				
	销售量	销售价格	存货	应收账款	营业收入	净利润	经营活动净现金流量
景气	上升	上升	减少	减少	增加	增加	上升
不景气	下降	下降	增加	增加	减少	减少	下降或为负

本企业财务报表情况

项目	报表情况		与宏观经济情况是否一致	与宏观经济情况不一致的原因
销售量	上年			
	本年			
	变化			
销售价格	上年			
	本年			
	变化			
存货	上年			
	本年			
	变化			
应收账款	上年			
	本年			
	变化			
营业收入	上年			
	本年			
	变化			
净利润	上年			
	本年			
	变化			
经营活动现金净流量	上年			
	本年			
	变化			
结论				

二、财务报表是否与行业状况相符

不同行业为企业的经营管理提供了不同的环境特色和运作空间。一般而言，同一行业的企业，会计报表会呈现相似的特征，而处于不同行业的企业，会计报表则表现出不同的特点。当企业报表与行业报表的一般特点出现矛盾时，应当引起重视。常用以对照的财务指标有：毛利率、税前利润率、收入成本和费用的趋势分析。

财务指标的行业对比

所处行业：

指标项目	本企业情况	本行业情况	是否接近同行业水平	与同行业水平差异大的原因
毛利率				
税前利润率				
收入变化趋势				
成本变化趋势				
费用变化趋势				
结论				

三、财务报表与企业市场地位是否协调

当企业处于卖方市场时，产品供不应求，产能利用率较高，具有较强的产品定价能力，产品销售毛利率高。优越的市场地位使企业能够实施较为严格的信用政策，更多地采用预收款销售或现金销售政策。如果企业产品单一，会计表中应收账款较少，预收账款较大，极端时甚至会出现没有应收账款只有预收账款的情况。从现金流量角度看，经营活动净现金流量会出现较大的净流入，内部筹资能力增强，为降低财务费用，企业一般会

偿付部分银行贷款，筹资活动产生的现金流量净额出现负数，同时，负债的减少会导致资产负债率下降。

当处于买方市场时，企业面对的是一个充分竞争的市场，一般缺乏自主定价能力，产品的价格由市场决定，而市场充分竞争的结果是利润的平均化，毛利率较低。为扩大销售，企业一般实施较为宽松的信用政策，导致资产负债表中的应收账款余额较大，经营活动现金净流入下降或出现净流出，净利润和经营活动净现金流量会出现方向上的背离。如果经营活动现金净流出或净流入很少，为维持生产，企业会增加银行贷款量，筹资活动现金流量出现净流入，经营活动现金净流入的下降或净流出则通过筹资活动的净现金流量得到弥补。

财务报表与企业市场地位协调性检查

企业生产的主要产品是：

企业生产的主要产品在市场上的地位：□ 1. 买方市场；□ 2. 卖方市场

产品市场地位	财务报表项目正常情况		本企业财务报表项目情况		
	项目	正常情况	项目	值	是否正常
卖方市场	毛利率	高	毛利率值		
	应收账款	少	应收账款占总资产比重		
	预收账款	大	预收账款占负债比重		
	经营活动现金流量	净流入大	经营活动现金净流量大小		
	资产负债率	下降	资产负债率		
买方市场	毛利率	低	结论：本企业财务报表情况与其市场地位是否相符		
	应收账款	多			
	预收账款	几乎没有			
	经营活动现金流量	净流入小			
	资产负债率	上升			

四、财务报表与企业的发展阶段是否相适用

企业的发展分为创业期、成长期、成熟期和衰退期四个阶段。一般而言，处于不同发展阶段的企业采取的发展战略不同，创业期和成长期的企业采取扩张型战略，成熟期的企业采取稳定型战略，而处于衰退期的企业则采取紧缩战略。不同的发展阶段和不同的发展战略会导致企业会计报表呈现不同的特点。

处于创业期和成长期的企业，实施的是扩张战略，由此会加大对固定资产、应收账款、存货等的投入，资产负债表中的固定资产、应收账款、存货的余额等会随之增加，现金流量表中的“购建固定资产、无形资产和其他长期资产支付的现金”“购买商品、接受劳务支付的现金”数值会较大，经营活动和投资活动的净现金流量可能会出现较大的负数。为取得发展所需的资金，企业一般通过银行借款或增加资本的方式筹集资金，在资产负债表上表现为短期借款、长期借款或实收资本增加，由于债务融资的规模往往超过股权融资规模，企业资产负债率上升；融资活动在现金流量表上表现为“取得借款收到的现金”或“吸收投资收到的现金”数值较大，筹资活动产生的现金流量净额出现正数。由于这一时期企业内部投资机会较多，经营积累往往用于企业发展，若比较净利润和经营活动净现金流量的数量关系，经营活动净现金流量一般低于净利润，常常净利润为正数，但经营活动净现金流量为负数。短期借款和长期借款的增加在利润表上的影响表现为财务费用的上升，同时，随着产品销售量的攀升，固定成本摊薄，单位成本下降，毛利率上升，规模效应和经营杠杆效应开始显现。

企业进入成熟期后，一般采取稳定型发展战略，经营规模相对稳定。随着产品的定型，毛利率也相对稳定，赢利能力和现金产出能力增强，经营活动现金流量出现净流入，净利润也会较大，经营活动现金净流量和净利润同时出现正数。由于前一阶段对固定资产和无形资产的大规模投资基本完成，本阶段对固定资产、无形资产和其他长期资产的投资不大，现金流量表中的“购建固定资产、无形资产和其他长期资产支付的现金”数值较小。企业稳定的获取现金的能力致使经营积累的资金可用于偿付银行贷款和对股东进行分配，偿债和分配在报表上表现为：资产负债表上，长期借款和短期借款减少，利润表中的财务费用下降，现金流量表中的“偿还债务支付的现金”和“分配股利、利润或偿付利息支付的现金”数值都较大，筹资活动净现金流量出现负数。

处于衰退期的企业，会计报表出现与创业期、成长期企业相反的特点，即公司实施紧缩战略，缩减投资规模，甚至收回投资或处置生产能力，资产规模下降，投资活动的净现金流量出现正数。紧缩战略对赢利能力的影响表现为：收入下降、毛利率下降，净利润下降。赢利能力的下降一般伴随现金流量的恶化，经营活动净现金流量下降或出现负数。

企业不同发展阶段财务报表的特点

发展阶段	财务特征					
	销售收入	毛利率	经营利润	经营现金流量	投资现金流量	筹资现金流量
创业期	少或没有		小或亏损	可能出现较大负数	流出额大	主要资金来源
成长期	快速增长	逐步上升	大幅提升	增长迅速但不宽裕	递减趋势	依赖降低
成熟期	增长缓慢	稳定	停滞不前	十分宽裕	变化不大	快速下降
衰退期	极度萎缩	下降	巨额亏损	急剧下降	持续下降	日益枯竭

本企业财务报表特点

本企业成立年份：

本企业发展阶段：

项目	销售收入	毛利率	经营利润	经营现金净流量	投资现金净流量	筹资现金净流量
上期金额						
本期金额						
变动趋势						
评价：是否与发展阶段相适应						

第二节　报表项目数据一致性检查

我国中小企业占企业总数的99%，在国民经济中占有重要地位。中小企业股权结构中实际出资人多由亲友组成；在企业管理结构上，采购、收款、财务管理等重要职位多由亲友担任。中小企业财务报表的特点为：①流动资产比例较高，占总资产的60%～70%，主要是由应收款项和存货引起的；②固定资产偏低，通常不超过30%；③流动负债较高，主要由偏高的应付款项造成；④资产负债率较低，尤其是长期借款偏少，但民间借贷具有隐蔽性，因此真实资产负债率难以核实；所有者权益较高，但注册资本偏小；⑤为避税，纳税申报表所反映的收入偏少。因此，税务机关在检查时，往往会用各种方法判断收入申报的准确性。先从报表入手，判断各项数据是否逻辑相符。

（1）没有进行利润分配，但资产负债表未分配利润增加额与利润表当期净利润不符。

是否存在收入在税后反映的问题?

——进一步检查未分配利润结转数的来源。

（2）资产负债表存货余额很大，其库存商品的余额甚至超过当年的销售收入。

是否存在销售收入滞留的问题?

——盘点库存商品，检查库存的真实性，同时检查出货单，分析收入完整性问题。

（3）未分配利润数为负数，所有者权益小于注册资本，资产总额却在扩大，其他应付款数额增加明显，且应付票据或者长短期借款无余额。

是否存在账外收入，同时虚列成本，套取资金的回流?

——进一步检查其他应付款明细项目。

（4）存货特别大，甚至超过实收资本的金额。

一般而言，企业追求资金的快速运转，以求利益的最大化，存货余额应当不可能大于实收资本。存货真实吗，是否有账外收入未入账?

——盘点及结合其他账户的检查，查实企业存货的真实性。

（5）预收账款余额很大，而所经营产品并非紧俏商品。

买方市场条件下，购货单位先付款后提货的情况可能性较小，预付账款余额过大表明延迟确认收入的可能。在实际操作中，很多会计人员认为只要没开具发票，就不确认收入，但事实上货已发出。

——检查大额预收账款发生凭证，确认货物是否发出。

（6）固定资产增加较多，但利润表显示收入并未增加。

固定资产的大幅度增加，一般意味着企业产能的提升，也就是说会导致收入的增长。如果固定资产的增加未伴随产能的增加，原因何在?

——检查固定资产增加的时间是否接近年底，产能的提升未能在报

表中体现？或者盘点固定资产，检查是否存在需淘汰但尚未处理的固定资产？

（7）身为生产企业，资产负债表固定资产项目无数据。

一些小型生产企业，由于购买价格的原因，购入固定资产时未取得合法票据，于是采取不入账的办法，导致折旧费用也未入账。生产企业没有固定资产如何进行生产？虽然折旧费用没有在报表反映，看起来没有导致少交税，但是这种明显的差错一定让人质疑有没有同时少做收入。

——取得入账发票并按会计规定进行账务处理，才是唯一可行的办法。

（8）其他应付款余额很大。

其他应付款主要是用于核算企业除应付票据、应付账款、预收账款以外的各种应付、暂收其他单位或个人的款项。主要特点是核算内容比较繁杂，包括：应付的各种赔款、应付的各种罚金、应付租入固定资产和包装物的租金、存入保证金、应付统筹退休金及应付、暂收上级单位、所属单位的款项等。其他应付款涉及的部分原始凭证可以自制。由于其本身核算内容的繁杂性及部分原始凭证的可自制性，很多企业都用它来随意调节企业的税负，以达到少纳税的目的，因此导致其历来是税务检查中一个重点而敏感的账户，此科目的余额长期不变或余额过大都会引起税务局的高度关注，从而引发不必要的稽查风险。税务部门可能存有的疑问有：

1）是否虚开增值税发票：当企业向其他单位虚购增值税专用发票时，可能为了方便账务处理，购进后按虚购金额通过银行存款转款，对方从中收取一定费用后退款。但此时，对方无法从正常渠道退款，只能通过私人账户汇入，形成公司的账外资金。但此项资金必须回流至公司以便周转，于是通过私人借款形式将账外资金转入。

2）是否有未记账的销售收入：当存在不入账的销售收入时，账外资金出现。由于公司正常运转需要的资金周转额会远远大于账面收入产生的资金周转额，只有利用账外资金，通过借款回流以满足需要。

3）是否收入挂账往来，延迟纳税：即使收到应税收入仍然挂此科目，而不确认收入，导致流转税和所得税均延迟缴纳。

4）是否关联方借款交易：如果借款没有利息支付，可质疑是否关联借款。由于关联关系的存在，使得二者的交易不符合独立交易原则，税务机关有权按照法律规定核定其利息收入，计算缴纳5%的营业税和20%的个人所得税。

——明细账设置清晰明了，以备检查；股东借款随借随还；营运资金出现缺口时，从金融机构融资或与其他企业签订合理的借款合同，约定不超过银行的贷款利息支付比率，或者股东直接增资。

财务报表重要关联数据检查

<table>
<tr><td rowspan="4">1</td><td rowspan="4">未分配利润和净利润</td><td colspan="3">未分配利润</td><td rowspan="2">本期净利润</td><td rowspan="2">判断</td><td rowspan="3">二者不等的原因</td></tr>
<tr><td>期初数</td><td>期末数</td><td>差额</td></tr>
<tr><td>（1）</td><td>（2）</td><td>（3）=（2）-（1）</td><td>（4）</td><td>（3）=（4）?</td></tr>
<tr><td></td><td></td><td></td><td></td><td></td><td></td></tr>
<tr><td rowspan="9">2</td><td rowspan="2">项目</td><td colspan="3">金额</td><td colspan="2" rowspan="2">是否同时存在</td><td rowspan="2">数据矛盾原因</td></tr>
<tr><td>期初数</td><td>期末数</td><td>增加额</td></tr>
<tr><td>未分配利润</td><td></td><td></td><td></td><td>余额 < 0？</td><td rowspan="7"></td><td rowspan="7"></td></tr>
<tr><td>所有者权益</td><td></td><td></td><td></td><td rowspan="2">所有者权益 < 注册资本?</td></tr>
<tr><td>注册资本</td><td></td><td></td><td></td></tr>
<tr><td>资产总额</td><td></td><td></td><td></td><td>增加额 > 0？</td></tr>
<tr><td>其他应付款</td><td></td><td></td><td></td><td>增加额远 > 0？</td></tr>
<tr><td>长、短借款余额</td><td></td><td></td><td></td><td rowspan="2">0或很小?</td></tr>
<tr><td>应付票据</td><td></td><td></td><td></td></tr>
</table>

续 表

<table>
<tr><td rowspan="3">3</td><td>存货余额</td><td>实收资本</td><td>比较大小</td><td colspan="2">检查存货，盘点数据后结论</td></tr>
<tr><td>（1）</td><td>（2）</td><td>（1）＞（2）？</td><td colspan="2" rowspan="2"></td></tr>
<tr><td></td><td></td><td></td></tr>
<tr><td rowspan="3">4</td><td>存货余额</td><td>其中：库存商品</td><td>当期销售收入</td><td>判断</td><td>库存商品大于收入原因</td></tr>
<tr><td>（1）</td><td>（2）</td><td>（3）</td><td>（2）>（3）?</td><td rowspan="2"></td></tr>
<tr><td></td><td></td><td></td><td></td></tr>
<tr><td rowspan="2">5</td><td>企业类型</td><td>是否生产企业</td><td>有无固定资产</td><td colspan="2">生产企业无固定资产的原因</td></tr>
<tr><td></td><td></td><td></td><td colspan="2"></td></tr>
<tr><td rowspan="6">6</td><td rowspan="3">固定资产原值</td><td colspan="3">金额</td><td>二者是否同向变动</td><td>一增一减的原因</td></tr>
<tr><td>期初数</td><td>期末数</td><td>增加额</td><td rowspan="5"></td><td rowspan="5"></td></tr>
<tr><td></td><td></td><td></td></tr>
<tr><td rowspan="3">营业收入</td><td>上期数</td><td>本期数</td><td>增加额</td></tr>
<tr><td></td><td></td><td></td></tr>
<tr><td></td><td></td><td></td></tr>
<tr><td rowspan="2">7</td><td>预收账款余额</td><td>占流动负债比重</td><td>产品是否紧销</td><td>二者是否矛盾</td><td>原因分析</td></tr>
<tr><td></td><td></td><td></td><td></td><td></td></tr>
<tr><td rowspan="2">8</td><td>其他应付款</td><td>余额</td><td>占流动负债比重</td><td colspan="2">余额过大的原因</td></tr>
<tr><td></td><td></td><td></td><td colspan="2"></td></tr>
</table>

第三节　利用财务指标检查异常

一、常用财务指标介绍

财务指标是指企业总结和评价财务状况和经营成果的相对指标。偿债能力指标包括短期和长期偿债能力指标，主要有流动比率、速动比率和现金流动负债比率，以及资产负债率、产权比率和已获利息倍数；营运能力指标包括应收账款周转率、存货周转率、流动资产周转率、固定资产周转率、总资产周转率；赢利能力指标包括主营业务利润率、成本费用利润率、盈余现金保障倍数、总资产报酬率、净资产收益率、资本保值增值率、每股收益、每股股利、市盈率等；发展能力指标包括销售（营业）增长率、资本积累率、总资产增长率等。由于申报纳税主要与收入成本相关，同时受资产转移的影响，所以在进行纳税申报分析时主要考虑赢利能力指标和发展能力指标，同时配合部分营运能力指标进行分析。

主营业务利润率 = 主营业务利润 / 主营业务收入净额

该指标越高，表明企业主营业务市场竞争力越强，发展潜力越大，赢利能力越强，流转税和所得税申报依据越大。

成本费用利润率 = 利润总额 / 成本费用总额

其中，

成本费用总额 = 主营业务成本 + 主营业务税金及附加 + 营业费用 + 管理费用 + 财务费用

该指标越高，表明企业为取得利润而付出的代价越小，成本费用控制得越好，赢利能力越强，所得税申报基础越大。

总资产报酬率 = 息税前利润总额 / 平均资产总额

该指标越高，表明企业的资产利用效益越好，整个企业的赢利能力越强。

销售（营业）增长率 = 本年主营业务收入增长额 / 上年主营业务收入总额

销售（营业）增长率若大于零，表明企业本年主营业务收入有所增长。指标值越高，表明增长速度越快，市场前景越好。

存货周转率（周转次数）= 主营业务成本 / ［（期初存货 + 期末存货）/2］

存货周转率高，表明企业存货变现速度快，周转额较大，资金占用水

平较低。存货周转速度反映了企业存货管理水平，存货周转率越高，存货的占用水平越低，流动性越强，存货转换为现金或应收账款的速度越快。它不仅影响企业的短期偿债能力，也是整个企业管理的重要内容。

固定资产周转率（周转次数）= 主营业务收入净额 / 平均固定资产净值

固定资产周转率高，表明企业固定资产利用充分，固定资产投资得当，固定资产结构合理，能够充分发挥效率。

总资产周转率 = 销售收入 /［（期初资产总额 + 期末资产总额）/2］

该指标越高，表明企业全部资产的使用效率越高。

企业财务指标计算表

<table>
<tr><th colspan="2">财务报表项目</th><th>栏次</th><th>上期</th><th>本期</th><th>变化幅度</th></tr>
<tr><td colspan="2">主营业务收入净额</td><td>（1）</td><td></td><td></td><td></td></tr>
<tr><td colspan="2">主营业务成本</td><td>（2）</td><td></td><td></td><td></td></tr>
<tr><td rowspan="4">费用总额</td><td>营业费用</td><td>（3）</td><td></td><td></td><td></td></tr>
<tr><td>管理费用</td><td>（4）</td><td></td><td></td><td></td></tr>
<tr><td>财务费用</td><td>（5）</td><td></td><td></td><td></td></tr>
<tr><td>费用总额</td><td>（6）=（3）+（4）+（5）</td><td></td><td></td><td></td></tr>
<tr><td colspan="2">成本费用总额</td><td>（7）=（2）+（6）</td><td></td><td></td><td></td></tr>
<tr><td colspan="2">主营业务利润</td><td>（8）</td><td></td><td></td><td></td></tr>
<tr><td colspan="2">主营业务利润率</td><td>（9）=（8）/（1）</td><td></td><td></td><td></td></tr>
<tr><td colspan="2">成本费用利润率</td><td>（10）=（8）/（7）</td><td></td><td></td><td></td></tr>
<tr><td rowspan="4">存货周转率</td><td>期初存货</td><td>（11）</td><td></td><td></td><td></td></tr>
<tr><td>期末存货</td><td>（12）</td><td></td><td></td><td></td></tr>
<tr><td>平均存货</td><td>（13）=［（11）+（12）］/2</td><td></td><td></td><td></td></tr>
<tr><td>存货周转率</td><td>（14）=（2）/（13）</td><td></td><td></td><td></td></tr>
</table>

续 表

财务报表项目		栏次	上期	本期	变化幅度
固定资产周转率	期初固定资产净值	（15）			
	期末固定资产净值	（16）			
	平均固定资产净值	（17）=［（15）+（16）］/2			
	固定资产周转率	（18）=（1）/（17）			
总资产周转率	期初资产总额	（19）			
	期末资产总额	（20）			
	平均资产总额	（21）=［（19）+（20）］/2			
	总资产周转率	（22）=（1）/（21）			
经营状况评价					

二、指标配比分析

1. 主营业务收入变动率与主营业务利润变动率

正常情况下，这两项指标应同步增长。

（1）比值小于1，相差较大，二者均为负值：被质疑存在多列成本费用、扩大税前扣除范围问题。

（2）比值大于1，相差较大，二者均为正值：被质疑存在多列成本费用、扩大税前扣除范围问题。

（3）比值为负数，且前者为正，后者为负：被质疑存在多列成本费用、扩大税前扣除范围问题。

——计算主营业务利润率，分析历年主营业务利润率变动情况。营业收入如何构成，主营业务利润率是否正常？应付账款和其他应付款是否有借方余额，预收账款是否存在大幅度增长的情况？原因何在？

2. 主营业务收入变动率与主营业务成本变动率

正常情况下，这两项指标应同步增长，比值接近 1。

（1）比值小于 1，相差较大，二者均为负值：被质疑存在多列成本费用、扩大税前扣除范围问题。

（2）比值大于 1，相差较大，二者均为正值：被质疑存在多列成本费用、扩大税前扣除范围问题。

（3）比值为负数，且前者为负，后者为正：被质疑存在多列成本费用、扩大税前扣除范围问题。

——计算主营业务收入变动率，结合资产负债表往来变动情况，判断是否少计收入。了解成本结转，是否有改变存货结转方法，多结转成本。

3. 主营业务收入变动率与主营业务费用变动率

正常情况下，这两项指标应同步增长。

（1）比值小于 1，相差较大，二者均为负值：被质疑存在多列成本费用、扩大税前扣除范围问题。

（2）比值大于 1，相差较大，二者均为正值：被质疑存在多列成本费用、扩大税前扣除范围问题。

（3）比值为负数，且前者为负，后者为正：被质疑存在多列成本费用、扩大税前扣除范围问题。

——将指标与同行业进行比较，是否符合同行业平均水平。分析三项期间费用中增长较多的项目，是否存在大量借款，致使财务费用增速过快？借款用于何种项目，应当资本化还是费用化。

4. 主营业务成本变动率与主营业务利润变动率

（1）比值大于 1，且二者均为正数：被质疑多列成本。

（2）前者为正后者为负：此为异常情况，被质疑存在多列成本费用、扩大税前扣除范围问题。

——成本增长是市场环境造成的购货成本提高还是虚列成本？需对成本的构成因素进行进一步分析。

5. 资产利润率、总资产周转率与销售利润率

分析三个比率与上年同期是否有显著变化。

如果本期总资产周转率大于上年同期总资产周转率，但本期销售利润率却小于或等于上年同期销售利润率，本期资产利润率也小于上年同期资产利润率，说明资产使用效率低，从而导致资产利润率降低。可能被质疑隐藏收入。

——进一步分析资产利润率低的原因。

6. 存货变动率、资产利润率与总资产周转率

存货变动率小于或等于 0，表明存货增加不大，但如果本期总资产周转率小于或等于上年总资产周转率，说明本期资产周转效率下降，可能被质疑隐藏收入。

指标分析情况表

<table>
<tr><th colspan="2" rowspan="2">项目</th><th rowspan="2">栏次</th><th rowspan="2">金额 / 比率</th><th colspan="2">指标配比分析</th><th colspan="4">分析</th></tr>
<tr><th colspan="2">变动率比值</th><th>正常</th><th colspan="3">异常</th></tr>
<tr><td rowspan="3">主营收入</td><td>上期</td><td>（1）</td><td></td><td>项目</td><td>比值</td><td>比值接近1</td><td>小于1，均为负</td><td>大于1，均为正</td><td>比值为负</td></tr>
<tr><td>本期</td><td>（2）</td><td></td><td>主营收入变动率 / 主营利润变动率</td><td></td><td></td><td></td><td></td><td></td></tr>
<tr><td>主营收入变动率</td><td>(3) = [(2) - (1)] / (1)</td><td></td><td>主营收入变动率 / 主营成本变动率</td><td></td><td></td><td></td><td></td><td></td></tr>
</table>

续　表

项目		栏次	金额/比率	指标配比分析		分析			
				变动率比值		正常	异常		
主营成本	上期	（4）		主营收入变动率/主营费用变动率					
	本期	（5）		主营成本变动率/主营利润变动率			—		
	主营成本变动率	（6）=［（5）-（4）］/（4）		结论1					
期间费用	上期	（7）							
	本期	（8）							
	主营费用变动率	（9）=［（8）-（7）］/（7）							
营业利润	上期	（10）		纵向比较项目	本期大于上期	本期小于或等于上期	小于或等于0		
	本期	（11）		资产利润率					
	主营利润变动率	（12）=［（11）-（10）］/（10）		总资产周转率					
存货总额	上期	（13）		销售利润率					
	本期	（14）		存货变动率	—	—			
	存货变动率	（15）=［（14）-（13）］/（13）		结论2					
总资产	上期平均资产	（16）							
	本期平均资产	（17）							
	上期总资产周转率	（18）=（4）/（16）							

续 表

项目		栏次	金额/比率	指标配比分析	分析	
				变动率比值	正常	异常
总资产	本期总资产周转率	(19)=(5)/(17)		结论 2		
利润率	上期销售利润率	(20)=(10)/(1)		评价		
	本期销售利润率	(21)=(11)/(2)				
	上期资产利润率	(22)=(10)/(16)				
	本期资产利润率	(23)=(11)/(17)				

第四章　纳税申报整体检查

第一节　流转税和相关地方税申报及税负检查

一、税负概述

税负即税收负担，是实际交纳的税款占销售收入净额的百分比。税负有比例的、累进的、累退的三种形式。比例的税负是负税人所负税款占其收入的比率不随收入的变化而变化；累进的税负是负税人所负税款占其收入的比率随收入的增加而增加；累退的税负是负税人所负税款占其收入的比率随收入的增加而下降。税负既可以单指增值税税负、所得税税负、营业税税负等，也可以把本年度上交的所有税款加总计算一个总体税负。如果计算出的税负率低于同行的平均水平，应引起重视。

二、不同税种税负计算

1. 增值税税负率

增值税税负率因企业类型不同，计算方法不同。小规模纳税人因不能抵扣进项税，税负率即征收率为3%。一般纳税人中，分全部内销企业和免抵退出口企业两种情况。

全部内销企业的增值税税负 = 应纳增值税 / 应税收入

免抵退出口企业的增值税税负 =（应纳增值税 + 增值税免抵税额）/ 除税收入外的全部收入

增值税税负与毛利存在一定的对应关系，其计算公式的推导见分税种检查。由于二者关系紧密，给分析申报情况提供了很大便利。

2. 消费税税负率

消费税税负率 = 应纳消费税 / 应税收入

主要与行业税负相比较进行判断。另外，消费税变动率一般与增值税变动率存在配比关系，二者变动方向一致，如果不一致，将被视为异常。

值得注意的是，对于委托加工应税消费品，按规定消费税由受托方代收代缴。加工收回后有两种处理方式：直接销售和自己使用，不同的方式下，从价计征的消费税税负存在差异，为企业提供了合理避税的空间。

从价计征情况下，企业自行生产应纳消费税 = 售价 × 消费税率；但如果委托第三方生产，则应纳的消费税 =（材料成本 + 加工费）/（1– 消费税率）× 消费税率。只要二者存在差异，企业便可以进行选择。著名的上市公司泸州老窖就被报道其运用与第三方合作，委托第三方生产规避消费税的行为。对于白酒生产行业，企业自行生产销售所产生的税负远远高于委托第三方企业生产所承担的税负。

3. 营业税税负率

营业税税负率 = 应纳营业税 / 营业收入

营业税是价内税，没有税收优惠和差额计征的情况下，其税负率与适用税率基本一致。通常来讲，营业税税负率不应低于 3% ~ 5%。

第二节　所得税申报及税负检查

1. 企业所得税税负率

企业所得税税负率 = 应纳所得税额 / 销售收入

所得税税负合理性要与同行业进行比较判断。

2. 个人所得税税负率

个人所得税税负率 = 应代扣代缴的个人所得税总额 / 实发职工薪酬总额

人均个人所得税应纳税额 = 应代扣代缴的个人所得税总额 / 职工人数

第三节　其他税种申报检查

在整体了解环节，对于流转税和所得税以外的税种检查，仅限于对申报情况的了解。其他税种中，与流转税相关的地方税是城建税、教育费附加和地方教育费附加。只要流转税申报正确，据此为依据的地方税申报可直接检查是否正确，无须进一步分析。

各税种纳税申报情况表

<table>
<tr><th colspan="2" rowspan="2">税种</th><th colspan="4">申报情况</th></tr>
<tr><th>申报收入 / 计税依据</th><th>申报应纳税（含免抵税）</th><th>税负率</th><th>备注</th></tr>
<tr><td rowspan="3">流转税</td><td>增值税</td><td></td><td></td><td></td><td></td></tr>
<tr><td>消费税</td><td></td><td></td><td></td><td></td></tr>
<tr><td>营业税</td><td></td><td></td><td></td><td></td></tr>
<tr><td rowspan="3">流转税相关的地方税</td><td>城建税</td><td></td><td></td><td>—</td><td></td></tr>
<tr><td>教育费附加</td><td></td><td></td><td>—</td><td></td></tr>
<tr><td>地方教育费附加</td><td></td><td></td><td>—</td><td></td></tr>
<tr><td rowspan="2">所得税</td><td>企业所得税</td><td></td><td></td><td></td><td></td></tr>
<tr><td>个人所得税</td><td></td><td></td><td></td><td></td></tr>
<tr><td rowspan="10">其他税费</td><td>堤围费</td><td></td><td></td><td></td><td></td></tr>
<tr><td>资源税</td><td></td><td></td><td></td><td></td></tr>
<tr><td>土地使用税</td><td></td><td></td><td>—</td><td></td></tr>
<tr><td>房产税</td><td></td><td></td><td>—</td><td></td></tr>
<tr><td>车船税</td><td></td><td></td><td>—</td><td></td></tr>
<tr><td>印花税</td><td></td><td></td><td>—</td><td></td></tr>
<tr><td>契税</td><td></td><td></td><td>—</td><td></td></tr>
<tr><td>土地增值税</td><td></td><td></td><td>—</td><td></td></tr>
<tr><td>耕地占用税</td><td></td><td></td><td>—</td><td></td></tr>
<tr><td>车辆购置税</td><td></td><td></td><td>—</td><td></td></tr>
</table>

第二篇 分税种检查——把脉重点税费

第五章　流转税类

第一节　增值税纳税检查

一、增值税简介

从计税原理上说，增值税是对商品生产、流通、劳务服务中多个环节的新增价值或商品的附加值征收的一种流转税。实行价外税，主要由消费者负担。在实际中，商品新增价值或附加值在生产和流通过程中很难准确计算，普遍采用的税款抵扣的办法，即根据销售商品或劳务的销售额，按规定的税率计算出销项税额，然后扣除取得该项商品或劳务时所支付的增值税款，也就是进项税额，其差额就是增值部分应交的税额。

增值税纳税人分为一般纳税人和小规模纳税人两种。原规定税率为：一般纳税人，17%、13%；小规模纳税人，3%；出口货物，适用零税率。“营改增”之后，一般纳税人在现行增值税 17% 标准税率和 13% 低税率基础上，新增 11% 和 6% 两档低税率。租赁有形动产等适用 17% 税率，交通运输业适用 11% 税率，其他部分现代服务业适用 6% 税率。简易征收一般纳税人按销售情况定为 4%、6%。代销寄售物品、死当物品、经国务院或国务院授权机关批准的免税商店零售的免税品：暂按简易办法依照 4% 征收率征收增值税；对属于一般纳税人的自来水公司销售自来水按简易办法依照 6% 征收率征收增值税，不得抵扣其购进自来水取得增值税扣税凭证上注明的增值税税款。

从 2009 年 1 月 1 日起，在全国所有地区、所有行业推行增值税转型改革，由生产型增值税转为消费型增值税。转型后，购入生产用固定资产进项税可以抵扣。2013 年 8 月 1 日起，原增值税一般纳税人自用的应征消费税的摩托车、汽车、游艇，其进项税额准予从销项税额中抵扣。

增值税专用发票的使用要求严格，其核算过程也相对复杂，是税务机关进行纳税评估的重要税种。

二、增值税申报常见异常症状

（一）增值税 0 申报或负申报

造成增值税 0 或负申报的原因一般为：行业生产经营不景气，市场过剩，产品大量滞销，产品利润空间被压缩，导致企业基本处于停业或半停业状态。另外，如果企业属于新开办，或者是季节性生产企业，或者是生产周期长的企业，由于购货集中，导致进项税额在一定时期内大于销项税，从而发生阶段性 0 申报或负申报。在此种情况下，企业实际存货应当十分充足。

大多数情况下，增值税 0 申报或负申报意味着不正常申报。原因是：

1. 隐藏销售收入

实际经营时，仅对开票收入进行纳税申报，现金交易不开具发票也不报税。由于少计收入，而款项必然收取，资产负债表上货币资金或往来款项必然存在异常。

2. 未及时作销售

货物发出后，不按纳税义务发生时间申报纳税，产品出库账外登记，待开具发票并收到货款后再作销售处理。此时账面存货余额远大于实际库存，只要账实核对就能发觉。

3. 虚开抵扣凭证

代开发票虚增进项税的情况屡见不鲜，但购买代开发票除了需支付少量手续费外，账面上无法按票面金额支付款项。这样必然导致往来欠款长期挂账，或者通过股东个人借款以现金支付，其他应收款又会出现异常。还有，虚购的存货需要相应的销售收入来支撑，为了不影响纳税，不做大收入的话，存货余额将会账实不符。

4. 产品以非正常渠道出库

当产品以广告、样品、福利、赠送及分配等方式出库时，由于会计上未计收入，所以不进行增值税申报，看起来好像合理。但是，这几种方式属于增值税视同销售，是必须申报缴纳增值税的。此种情况下，利润表主营业务成本项目与存货贷方发生额会存在不一致。

为了保障税务健康，应当厘清0申报或负申报的原因，以从容应对检查。

（二）收入和毛利变动不大，税负下降

在收入和毛利变动不大的情况下，增值税税负连年下降应引起足够的重视。通过观察以下现象，判断增值税税负下降是不是由于进项税额抵扣所致：①期初期末存货变动是否明显，如果变动不大，表明存货购进所含进项税没有大的变化；②固定资产有无明显增加，有无发生固定资产进项税额抵扣情况，如果固定资产无明显增加，表明用于抵扣进项的固定资产购进很少；③运费进项税额抵扣销售收入比例如何，增减变动会不会引起整体税负的较大波动。如果运费占比重小，其增减变动对税负的影响则微乎其微。

如果税负下降不是进项税额抵扣所致，那么只能是销项税额变小了。在收入变化较小的情况下，销项税如何能变小？这就要看企业收入的构成情况，是否全部收入中既含有增值税应税收入，又含有营业税应税收入。收入划分合理吗？是不是通过不合理划分收入类别降低了增值税税负？例如，建筑安装企业，对销售自产货物和安装分别征收增值税和营业税，前者适用税率为17%，后者适用税率为3%。如果将增值税收入转化为营业税收入，税负将大大降低。需要搞清，这种转化存在合理的条件是否合理。

（三）税负大大低于同行业

一般来讲，同一个地区，同一个行业，税负基本相同，如果大大低于同行业的平均水平，常常被质疑不正常。但是，也会有生产经营方式的不同导致同样的外部环境下税负不同。所以，当自己企业的税负与同行业税负大不相同时，要分析真正的原因，而不能不假思索地认为自己的税负不正常。存在以下情况时，同地区同行业的税负可能不同。

1. 生产和销售集中与生产和销售分立

把销售从企业分离，可以缩短企业的价值链，从而降低企业的税负。

例5-1：某企业生产一种产品，最终销售价为10000元，产品可抵扣的成本是6000元。

（1）生产和销售在同一家公司

交纳增值税为（10000–6000）×17% =680元，税负为680/10000=6.8%。

（2）生产和销售分立

假设销售给销售公司8500元，交纳增值税为（8500–6000）×17% =425元，对应的税负为425/8500=5%。

表明税负下降了，但并不异常。因为销售公司再销售时还须交纳增值税（10000–8500）×17%=255元，整体上并没减少。

2. 自行生产还是发外加工

自行生产时，加工费用所含的折旧、人工、辅助费用没有对应的进项可以抵扣，税负通常较高。但将一些产品发外加工时，可取得对方开具的加工费专用发票，在销售额相同的情况下，税负可得以降低。

例 5-2：某公司年销售额 2000 万元，其中加工费用占 30%。全部自己生产应交纳增值税税额 100 万元，即税负为 5%。

如果将一半产品发外加工，则新增进项税额为 2000×30%×50%×17%=51 万元，应交纳的增值税为 2000×5%-51=49 万元，此时的税负为 49/2000=2.45%。

税负下降的原因在于接受委托加工的一方承担了增值税 2000×30%×50%×17%=51 万元。

3. 不同的运输方式

对运输费用的处理方式不同，企业税负也就不一样。一种是买方承担运输费，运输公司直接开具发票给买方；另一种是卖方承担运输费，运输公司直接开具发票给卖方。运费是不是价外费用，要看如何开具发票。

例 5-3：销售售价 10000 元，如果由买方承担运输费，应交纳增值税 500 元，则税负为 500/10000=5%；如果由卖方承担运输费，此时的销售价格应当加上运费，假设运费为 1000 元，“营改增”后需要多缴 1000×17%-1000×11%=60 元，此时的税负是（500+60）/（10000+1000）=5.09%，税负提高。

4. 产品是高端还是低端

同一行业的企业在市场中的定位往往不同，有的走高端路线，产品高端，销售价格高；有的则喜欢低成本运作，大众消费，销售价格低，薄利多销。由于价格不一样，产品的毛利也不一样，税负也就不同。同一行业中，做高端产品的企业税负比较高，做低端产品的企业税负比较低。

5. 产品是新品种还是进入了成熟阶段

新产品投入市场时增值额比较低，增值税税负比较低，当产品生产成熟以后，增值额上升，税负也会相应上升。这是因为，产品刚投入生产的时候，成本比较高，随着生产管理、设备运行、员工操作的熟练程度的改变，产品的成本开始下降，产品增值额随之上升。所以，即使同一行业、同一产品，在不同企业，由于产品所处阶段的不同，税负会存在差异。

6. 销售手段的多样化

销售手段也会影响增值税税负。现在的企业特别注重营销，同一种产品，不同的营销方式会带来不同的效益，也会产生不同的涉税效果。比如，使一种产品通过经销商进入市场，你可以高折扣出售给经销商，让其推动市场；也可以以较低的折扣出售给经销商，同时辅之以强有力的广告投入，二者产生的结果常常不一样。

例 5-4：假设一企业生产的某种产品，市场零售价是 1000 元，可以抵扣进项的购进成本是 500 元。如果按市场价的 7.5 折批发给经销商，企业应交纳的增值税为 1000×75%×17%-500×17%=42.5 元，对应的税负为 42.5/750=5.67%；如果产品按市场价的 8.5 折批发给经销商，另投入 100 元的广告宣传费。假设“营改增”广告支出也能取得专用发票，则企业应交纳的增值税为 1000×85%×17%-（500×17%+100×6%）=53.5 元，对应的税负为 53.5/850=6.29%，税负提高了。

三、增值税申报异常分析

分析增值税申报是否正常，可以通过以下几个方面进行：第一，分析实际税负；第二，分析应当申报的收入；第三，财务报表与增值税申报表对比分析；第四，分析视同销售。

（一）分析税负

增值税税负率是指增值税纳税义务人当期应纳增值税占当期应税销售收入的比例。增值税税负率是税务机关评估企业纳税情况的重要指标，过低的税负率往往会引起关注。行业不同，税负率也会存在差异，评估时不能仅以申报表的数据进行计算，应通过财务数据进行测算。

1. 增值税税负计算

（1）针对小规模纳税人

税负率就是征收率，为3%。

（2）针对一般纳税人

由于可以抵扣进项税额，税负率不是17%或13%，而远远低于该比例。具体计算方法：

1）全部内销一般纳税人

增值税税负率＝当期应纳增值税/当期应税销售收入

当期应纳增值税＝当期销项税额－实际抵扣进项税额

当期销项税额＝内销收入×适用税率

实际抵扣进项税额＝期初留抵进项税额＋本期进项税额－进项转出－出口退税－期末留抵进项税额

2）免抵退一般纳税人

增值税税负率＝（内销销项＋免抵退销售额×征税率－实际抵扣进项税额）/（免抵退销售额＋内销销售额）

① 新批企业。新批企业出口退税条件限制：前十三个月不能申报出口退税，期初留抵税额中含以前年度出口但未申报退税的进项留抵税额，且数额较大，期初留抵影响下一年度税负率。此时实际的税负率计算公式为：

增值税税负率＝［（内销收入＋外销收入）×适应税率－当年进项］/全年内外销销售收入之和

②原有企业。不受期初留抵税额影响，计算方法有两种：

a. 增值税税负率 =（当期免抵税额 + 当期应纳税额）/（当期应税销售额 + 当期免抵退税销售额）

注：免抵税额包含单证不齐与单证齐全的出口货物免抵税额。

当期应纳增值税 = 转出未交增值税累计数 + 出口抵减内销应纳增值税累计数

b. 增值税税负率 =［全年销售收入 × 适应税率 –（进项税额 + 期初留抵税额 – 期末进项留抵）］/ 全年销售收入

或

增值税税负率 =［（全年销项税额合计 + 免抵退货物销售额 × 适应税率）–（全年进项税额合计 – 全年进项税额转出合计 + 年初留抵税额 – 年末留抵税额）]/(全年应税销售额 + 免抵退销售额)

注：上述公式中的分母中是不含免税销售额的。

进项税额 = 当期进项税额 – 进项税额转出 + 出口货物进项转出

期初期末留抵税额 = 增值税纳税申报表上的留抵数 – 下期申报表当月免抵退货物应退税额

例 5-5：某自营生产企业，全年总销售收入 100 万元，其中外销收入 95 万元，内销收入 5 万元，当期取得进项税金 15 万元，无留抵税额，适用税率 17%，退税率 13%。计算增值税税负。

计算如下：

销项税额 =50000 × 17%=8500 元

进项税额转出 =950000 ×（17%–13%）=38000 元

应交税金 =8500–（150000–38000）=–103500 元

增值税理论税负 =［（8500+950000 × 17%）–（150000–38000）］/ 1000000=5.8%

增值税实际税负：0（实际未纳税）

增值税税负计算表

<table>
<tr><th colspan="5" rowspan="2">增值税类型</th><th rowspan="2">小规模纳税人</th><th colspan="2">一般纳税人</th></tr>
<tr><th>全内销企业</th><th>出口企业</th></tr>
<tr><td rowspan="18">税负计算</td><td rowspan="5">当期全部营业收入</td><td colspan="2">内销收入</td><td>（1）</td><td></td><td></td><td></td></tr>
<tr><td colspan="2">免抵退收入</td><td>（2）</td><td>—</td><td>—</td><td></td></tr>
<tr><td colspan="2">免税收入</td><td>（3）</td><td>—</td><td></td><td></td></tr>
<tr><td colspan="2">收入合计</td><td>（4）=（1）+（2）+（3）</td><td>—</td><td></td><td></td></tr>
<tr><td colspan="2">参与计算税负收入</td><td>（5）=（1）+（2）</td><td>—</td><td></td><td></td></tr>
<tr><td rowspan="10">当期应纳增值税</td><td rowspan="2">当期销项税额</td><td>适用税率</td><td>（6）</td><td>—</td><td></td><td></td></tr>
<tr><td>内销销项税额</td><td>（7）=（1）×（6）</td><td>—</td><td></td><td></td></tr>
<tr><td>当期免抵税额</td><td>查免抵退申报表</td><td>（8）</td><td>—</td><td></td><td></td></tr>
<tr><td rowspan="6">实际抵扣进项税额</td><td>期初留抵</td><td>（9）</td><td>—</td><td></td><td></td></tr>
<tr><td>本期进项</td><td>（10）</td><td>—</td><td></td><td></td></tr>
<tr><td>进项转出</td><td>（11）</td><td>—</td><td></td><td></td></tr>
<tr><td>出口退税</td><td>（12）</td><td>—</td><td></td><td></td></tr>
<tr><td>期末留抵</td><td>（13）</td><td>—</td><td></td><td></td></tr>
<tr><td>实际抵扣</td><td>（14）=（9）+（10）-（11）-（12）-（13）</td><td>—</td><td></td><td></td></tr>
<tr><td colspan="2">应纳税额</td><td>（15）=（7）-（14）</td><td></td><td></td><td></td></tr>
<tr><td rowspan="3">税负率</td><td colspan="2">小规模</td><td>（16）</td><td>3%</td><td></td><td></td></tr>
<tr><td colspan="2">全内销一般纳税人</td><td>（17）=（15）/（1）</td><td>—</td><td></td><td></td></tr>
<tr><td colspan="2">出口一般纳税人</td><td>（18）=[（15）+（8）]/（5）</td><td>—</td><td></td><td></td></tr>
</table>

2. 增值税税负与毛利率的关系

（1）毛利率分为成本毛利率和收入毛利率两种，与增值税税负存在一定的函数关系。下面通过公式推导商业企业增值税税负与毛利率的关系。

先看成本毛利率：

增值税负率＝应纳税额/计税销售额 （1）

应纳税额＝销项税额－进项税额 （2）

销项税额＝计税销售额 × 增值税税率 （3）

进项税额＝进货成本 × 增值税税率 （4）

成本毛利＝计税销售额－进货成本 （5）

成本毛利率＝成本毛利/进货成本 （6）

将式（5）代入式（6）得：

成本毛利率＝（计税销售额－进货成本）/进货成本

＝（计税销售额/进货成本）－1 （7）

式（7）转换后得：

进货成本＝计税销售额/（1+成本毛利率） （8）

将式（3）和式（4）代入式（2）：

应纳税额＝计税销售额 × 增值税税率－进货成本 × 增值税率 （9）

再将式（9）代入式（1）得：

增值税负率＝（计税销售额 × 增值税税率－进货成本 × 增值税税率）/计税销售额

＝增值税税率－进货成本 × 增值税税率/计税销售额 （10）

把式（8）代入式（10）得：

增值税负率＝增值税税率－计税销售额/（1+成本毛利率）× 增值税税率/计税销售额

＝增值税税率－增值税税率/（1+成本毛利率）

＝增值税税率 × 成本毛利率/（1+成本毛利率） （11）

可反推成本毛利率公式：

成本毛利率＝增值税税负率/（增值税税率－增值税税负率）

如果是收入毛利率，与增值税税负率有何关系？

根据：增值税税负率 = 应纳增值税 / 计税销售额

= （销项税 – 进项税）/ 计税销售额

= （计税销售额 – 进货成本）× 适用税率 / 计税销售额

而：　增值额 = 计税销售额 – 进货成本

= 增值税税负率 × 计税销售额 / 增值税税率

增值率 = 增值额 / 计税销售额

= 增值税税负率 / 增值税税率

增值率也就是收入毛利率，所以，商业企业毛利率与增值税税负率之间的关系可由下面两公式表示：

成本毛利率 = 增值税税负率 /（增值税税率 – 增值税税负率）　（12）

收入毛利率 = 增值税税负率 / 增值税税率　（13）

商业企业增值税税负与产品毛利的检查

	实际毛利计算		税负推算毛利		毛利比较
项目	销售收入		增值税税负率		—
	销售成本		增值税适用税率		—
	销售毛利		适用税率与税负率之差		—
	收入毛利率		收入毛利率		
	成本毛利率		成本毛利率		
结论					

由上述公式可知，在增值税税率一定的情况下，增值税税负率与毛利率成正比。所以，只要知道其中的一个就可以推测另一个，由此判断所申报增值税的合理性。一般来讲，一般纳税人增值税税负率应在 1% ~ 3%，如果超过 3%，就宁可做小规模纳税人了。如果适用税率是 17%，此时可算出成本毛利率应当在 6.25% ~ 21.43%，收入毛利率在 5.88% ~ 17.65%。

（2）工业企业

由于工业产品的制造成本中，除了包含有外购原材料等货物的购进额外，还包括工人的工资和车间经费（含折旧费等）等不发生增值税进项税额的加工增值部分。因此，即使加工出来的产品全部出售，其销售成本并不等于制造产品中的货物购进额，毛利率与税负之间的关系便不满足前述关系。

这里引入增值率的概念，将加工增值部分占产品制造成本的百分比叫作加工增值率。假设，所有外购的原材料等外购货物全部都制造出了产成品，而且全部都销售掉，那么工业生产中发生的货物购进额与制造产品所耗用的货物购进额就完全相等，并可以通过加工增值率从产品销售成本中折算出来。税负率与毛利率关系推算如下：

① 购进额 = 产品销售成本 ×（1 - 加工增值率）

= （销售额 - 销售毛利）×（1 - 加工增值率）

② 应纳税额 = （销售额 - 购进额）× 税率 = ［销售额 -（销售额 - 销售毛利）×（1- 加工增值率）］× 税率

③ 式两边同除以销售收入后得出：

税负率 = ［1-（1 - 销售毛利率）×（1- 加工增值率）］× 税率

= （增值率 + 销售毛利率 - 增值率 × 销售毛利率）× 税率

工业企业增值税税负与产品毛利的检查

	根据利润表计算毛利率		根据毛利率计算税负率	
项目	销售收入		增值税适用税率	
	销售成本		加工增值率	
	销售毛利		推算税负率	
	收入毛利率		申报表税负率	
毛利率与税负关系	理论税负 = （增值率 + 毛利率 - 增值率 × 毛利率）× 适用税率			
结论				

值得一提的是，当期增值税实际税负率高而毛利低，属于理论税负小于实际税负，尽管其实际税负可能正常，但由于毛利太低，仍有成本不实的嫌疑；当期增值税税负率低而毛利高，属于理论税负大于实际税负，此时应看账面存货是否存在，是否有推迟收入实现的情形，是否有抵扣前期已实现销售之存货的进项税额存在，如果其账面列示的存货不存在，则可能被质疑有延期确认收入或隐匿收入的嫌疑。

企业增值税税负与企业的生产经营特征密切相关，分析企业税负，除了参考行业统计的结果，还必须了解、分析企业的经营特征。

（二）收入申报分析

销售收入与购进密切相关，可以作如下推断：

当期应税货物购进总额≈当期购进货物进项税额（不含运费）/ 适用税率

当期应税商品待售总额≈当期应税货物购进总额 ×（1+ 综合差价率）

当期实际销售总额≈当期应税商品待售总额 ± 库存增减额售价

当期实际销售总额≈当期购进货物进项税额（不含运费）/ 适用税率 ×（1+ 综合差价率）± 库存增减额售价

例 5-6：某公司商品进销综合差价率为 15%，本期申报收入 3000 万元，申报销项税额 510 万元，申报进项总额（不含运费）490 万元，申报应纳增值税 20 万元。期末比期初增加库存额 100 万元，无期初留抵税金。请问，申报有问题吗?

根据上述公式：

当期应税货物购进总额≈ 490/0.17=2882.35 万元

当期应税商品待售总额≈ 2882.35 ×（1+15%）=3314.70 万元

当期实际销售总额≈ 3314.70–100 ×（1+15%）=3199.70 万元

比企业实际申报收入 3000 万元多 199.70 万元，从而应纳税比实纳税额多 33.95 万元。

表面看来申报正常的报表，经过推理却不正常。检查时可以通过以下表格测算销售收入与实际申报的收入比较，如果相差较大，应当查明原因。

理论销售额测算表

商业企业理论销售额	以进控销法		个体或小型企业最低保本销售收入	费用倒挤法		
	当期购进货物进项税额（不含运费进项）			房租		
	适用税率			水电		
	当期应税货物购进总额			雇员工资		
	综合差价率（毛利率）			缴纳地税税款		
	当期应税商品待售总额			其他必要支出		
	期初库存产品数量			必要费用支出总额		
	期末库存产品数量			毛利率		
	商品单价			综合税款征收率		
	理论销售额			最低保本收入		
本期申报销售额						
评价						
工业企业理论销售额	投入产出法		能耗测算法		设备生产能力法	
	本期投入原材料数量		本期水电耗用量		本期设备日产量或时产量	
	投入产出比		单位产品水电耗用量		本期工作日或工作时	
	本期产品理论数量		本期产品理论数量		本期产品理论数量	
	期初库存产品数量		期初库存产品数量		期初库存产品数量	
	期末库存产品数量		期末库存产品数量		期末库存产品数量	
	产品销售单价		产品销售单价		产品销售单价	
	理论销售额		理论销售额		理论销售额	
本期申报销售额						
评价						

（三）财务报表与增值税申报表对比分析

增值税一般纳税人申报时必需的表格如下：

增值税纳税申报表

（适用于增值税一般纳税人）

根据《中华人民共和国增值税暂行条例》和《交通运输业和部分现代服务业营业税改征增值税试点实施办法》的规定制定本表。纳税人不论有无销售额，均应按主管税务机关核定的纳税期限按期填报本表，并向当地税务机关申报。

税款所属时间：自　年　月　日至　年　月　日　填表日期：　年　月　日　金额单位：元（列至角分）

纳税人识别号			所属行业				
纳税人名称	（公章）	法定代表人姓名		注册地址		营业地址	
开户银行及账号		企业登记注册类型				电话号码	

	项目	栏次	一般货物及劳务和应税服务		即征即退货物及劳务和应税服务	
			本月数	本年累计	本月数	本年累计
销售额	（一）按适用税率征税销售额	1				
	其中：应税货物销售额	2				
	应税劳务销售额	3				
	纳税检查调整的销售额	4				
	（二）按简易征收办法征税销售额	5				
	其中：纳税检查调整的销售额	6				
	（三）免、抵、退办法出口销售额	7			—	—
	（四）免税销售额	8			—	—
	其中：免税货物销售额	9			—	—
	免税劳务销售额	10			—	—
税款计算	销项税额	11				
	进项税额	12				
	上期留抵税额	13				—
	进项税额转出	14				
	免、抵、退应退税额	15			—	—

续 表

项目		栏次	一般货物及劳务和应税服务		即征即退货物及劳务和应税服务	
			本月数	本年累计	本月数	本年累计
税款计算	按适用税率计算的纳税检查应补缴税额	16			—	—
	应抵扣税额合计	17=12+13–14–15+16		—		—
	实际抵扣税额	18（如 17<11，则为 17，否则为 11）				
	应纳税额	19=11–18				
	期末留抵税额	20=17–18				—
	简易征收办法计算的应纳税额	21				
	按简易征收办法计算的纳税检查应补缴税额	22			—	—
	应纳税额减征额	23				
	应纳税额合计	24=19+21–23				
税款缴纳	期初未缴税额（多缴为负数）	25				
	实收出口开具专用缴款书退税额	26			—	—
	本期已缴税额	27=28+29+30+31				
	① 分次预缴税额	28		—		—
	② 出口开具专用缴款书预缴税额	29		—	—	—
	③ 本期缴纳上期应纳税额	30				
	④ 本期缴纳欠缴税额	31				
	期末未缴税额（多缴为负数）	32=24+25+26–27				
	其中：欠缴税额（≥0）	33=25+26–27		—		—
	本期应补（退）税额	34 ＝ 24–28–29		—		—
	即征即退实际退税额	35	—	—		
	期初未缴查补税额	36			—	—
	本期入库查补税额	37			—	—
	期末未缴查补税额	38=16+22+36–37			—	—

续　表

授权声明	如果你已委托代理人申报，请填写下列资料： 为代理一切税务事宜，现授权 （地址） 为本纳税人的代理申报人，任何与本申报表有关的往来文件，都可寄予此人。 授权人签字：	申报人声明	此纳税申报表是根据《中华人民共和国增值税暂行条例》的规定填报的，我相信它是真实的、可靠的、完整的。 声明人签字：

以下由税务机关填写：

收到日期：　　　　接收人：　　　　主管税务机关盖章：

增值税纳税申报表附列资料（一）

（本期销售情况明细）

税款所属时间：　年　月　日至　年　月　日

纳税人名称：（公章）　　　　金额单位：元（列至角分）

项目及栏次				开具税控增值税专用发票		开具其他发票		未开具发票		纳税检查调整		合计			应税服务扣除项目本期实际扣除金额	扣除后	
				销售额	销项（应纳）税额	销售额	销项（应纳）税额	销售额	销项（应纳）税额	销售额	销项（应纳）税额	销售额	销项（应纳）税额	价税合计		含税（免税）销售额	销项（应纳）税额
				1	2	3	4	5	6	7	8	9=1+3+5+7	10=2+4+6+8	11=9+10	12	13=11−12	14=13÷（100%+税率或征收率）×税率或征收率
一、一般计税方法征税	全部征税项目	17%税率的货物及加工修理修配劳务	1											—	—	—	—
		17%税率的有形动产租赁服务	2														
		13%税率	3											—	—	—	—
		11%税率	4														
		6%税率	5														
	其中：即征即退项目	即征即退货物及加工修理修配劳务	6	—	—	—	—	—	—	—	—			—	—	—	—
		即征即退应税服务	7	—	—	—	—	—	—	—	—						

续 表

项目及栏次				开具税控增值税专用发票		开具其他发票		未开具发票		纳税检查调整		合计			应税服务扣除项目本期实际扣除金额	扣除后	
				销售额	销项（应纳）税额	销售额	销项（应纳）税额	销售额	销项（应纳）税额	销售额	销项（应纳）税额	销售额	销项（应纳）税额	价税合计		含税（免税）销售额	销项（应纳）税额
				1	2	3	4	5	6	7	8	9=1+3+5+7	10=2+4+6+8	11=9+10	12	13=11−12	14=13÷（100%+税率或征收率）×税率或征收率
二、简易计税方法征税	全部征税项目	6%征收率	8							—	—			—	—	—	—
		5%征收率	9							—	—			—	—	—	—
		4%征收率	10							—	—			—	—	—	—
		3%征收率的货物及加工修理修配劳务	11							—	—			—	—	—	—
		3%征收率的应税服务	12							—	—						
	其中：即征即退项目	即征即退货物及加工修理修配劳务	13	—	—	—	—	—	—	—	—			—	—	—	—
		即征即退应税服务	14	—	—	—	—	—	—	—	—						
三、免抵退税	货物及加工修理修配劳务		15	—	—		—		—	—	—		—	—	—	—	—
	应税服务		16	—	—		—		—	—	—		—				—
四、免税	货物及加工修理修配劳务		17				—		—	—	—		—	—	—	—	—
	应税服务		18	—	—		—		—	—	—		—				—

增值税纳税申报表附列资料（二）

（本期进项税额明细）

税款所属时间：　年　月　日至　年　月　日

纳税人名称：（公章）　　　　　　　　　　　　　　　　　　　金额单位：元（列至角分）

一、申报抵扣的进项税额

项目	栏次	份数	金额	税额
（一）认证相符的税控增值税专用发票	1=2+3			
其中：本期认证相符且本期申报抵扣	2			
前期认证相符且本期申报抵扣	3			
（二）其他扣税凭证	4=5+6+7+8			
其中：海关进口增值税专用缴款书	5			
农产品收购发票或者销售发票	6			
代扣代缴税收通用缴款书	7		—	
运输费用结算单据	8			
	9	—	—	—
	10	—	—	—
（三）外贸企业进项税额抵扣证明	11	—	—	
当期申报抵扣进项税额合计	12=1+4+11			

二、进项税额转出额

项目	栏次	税额
本期进项税转出额	13=14~23之和	
其中：免税项目用	14	
非应税项目用、集体福利、个人消费	15	
非正常损失	16	
简易计税方法征税项目用	17	
免抵退税办法不得抵扣的进项税额	18	
纳税检查调减进项税额	19	

续 表

项目	栏次	份数	金额	税额
红字专用发票通知单注明的进项税额	20			
上期留抵税额抵减欠税	21			
上期留抵税额退税	22			
其他应作进项税额转出的情形	23			

三、待抵扣进项税额

项目	栏次	份数	金额	税额
（一）认证相符的税控增值税专用发票	24	—	—	—
期初已认证相符但未申报抵扣	25			
本期认证相符且本期未申报抵扣	26			
期末已认证相符但未申报抵扣	27			
其中：按照税法规定不允许抵扣	28			
（二）其他扣税凭证	29=30~33 之和			
其中：海关进口增值税专用缴款书	30			
农产品收购发票或者销售发票	31			
代扣代缴税收通用缴款书	32		—	
运输费用结算单据	33			
	34			

四、其他

项目	栏次	份数	金额	税额
本期认证相符的税控增值税专用发票	35			
代扣代缴税额	36	—	—	

增值税纳税申报表附列资料（三）

（应税服务扣除项目明细）

税款所属时间：　年　月　日至　年　月　日

纳税人名称：（公章）

金额单位：元（列至角分）

项目及栏次	本期应税服务价税合计额（免税销售额）	应税服务扣除项目				
		期初余额	本期发生额	本期应扣除金额	本期实际扣除金额	期末余额
	1	2	3	4=2+3	5（5 ≤ 1 且 5 ≤ 4）	6=4-5
17% 税率的有形动产租赁服务						
11% 税率的应税服务						
6% 税率的应税服务						
3% 征收率的应税服务						
免抵退税的应税服务						
免税的应税服务						

固定资产进项税额抵扣情况表

纳税人识别号：

纳税人名称（公章）：

填表日期：　年　月　日

金额单位：元（列至角分）

项目	当期申报抵扣的固定资产进项税额	当期申报抵扣的固定资产进项税额累计
增值税专用发票		
海关进口增值税专用缴款书		
合 计		

注：本表一式两份，一份纳税人留存，一份主管税务机关留存。

增值税销售货物及扣税凭证明细

纳税人名称：（盖章）

税务登记号：　　　　　　　　　　　　　　　　纳税人编码：

税款所属日期：　年　月　日至　年　月　日

		项目名称	项次	份数	金额	税额
进项发票或凭证		增值税抵扣凭证	1=2+8	—		
		认证相符具本期抵扣的防伪税控专用发票	2=3+4+5+6+7			
		其中：增值税专用发票（17% 或 13% 等）	3			
		增值税专用发票（代开）	4			
		废旧物资专用发票（10%）	5			
		货物运输业增值税专用发票（11%）	6			
		货物运输业增值税专用发票（代开）	7			
	其他扣税凭证	小计	8=9+10+12+13+14+15	—		
		海关进口增值税专用缴款书	9			
		运输费用结算单据（7%）	10 ≥ 11			
		其中：公路、内河运输发票	11			
		农产品收购统一发票（13%）	12			
		农产品销售发票（13%）	13			
		代扣代缴税收通用缴款书	14		—	
		其他	15			

	货物分类	品种	税率或征收率	一般货物		即征即退货物	
				销售额	税额	销售额	税额
销售货物汇总							

代扣代缴税收通用缴款书抵扣清单

纳税人名称（盖章）： 纳税人识别号：

主管税务机关名称： 主管税务机关代码：

纳税申报日期： 年 月 日 税款所属期： 年 月 日

金额单位：元（列至角分）（共 页，第 页）

扣缴人纳税人识别号	扣缴人名称	征收机关名称	代扣代缴项目	代扣代缴凭证编号	税额
合计	—	—	—	—	

说明：1. 按照《代扣代缴税收通用缴款书》票面信息填写，逐票分行录入（或填写）；

2. 清单“合计”栏数据中的“税额”应与增值税纳税申报表附列资料（二）第7栏“税额”数据一致。

应税服务扣除项目清单

纳税人名称（盖章）： 纳税人识别号：

主管税务机关名称： 主管税务机关代码：

纳税申报日期： 年 月 日 税款所属期： 年 月 日

金额单位：元（列至角分）（共 页，第 页）

开票方纳税人识别号	开票方单位名称	凭证种类	发票代码	发票号码	服务项目名称	金额
合计	—	—	—	—	—	

说明：1. 本清单按照纳税人取得合法票据的内容填写，其中：“凭证种类”填写：“发票”“财政票据”“境外支付单据”；

2. “凭证种类”为“发票”的，必须填写“开票方纳税人识别号”；

3. 小规模纳税人，从试点地区购买应税服务取得增值税专用发票（包括货运）的，“金额”栏应填写价税合计数；

4. 清单“合计”栏数据中的“金额”应与增值税纳税申报表附列资料（三）扣除项目本期发生额各栏数据之和一致。

免抵退税申报汇总表

海关企业代码：

纳税人名称：（公章）　　　　所属期：　年　月　日

纳税人识别号：　　　　金额单位：元（列至角分）

项目		栏次	当期	本年累计	与增值税纳税申报表差额
			（a）	（b）	（c）
一、出口额	免抵退出口货物劳务销售额（美元）	1=2+3			—
	其中：免抵退出口货物销售额（美元）	2			—
	应税服务免抵退税营业额（美元）	3			—
	免抵退出口货物劳务销售额	4			—
	免抵退出口货物劳务计税金额	6=4−5=7+8+9+10			
	其中：单证不齐或信息不齐出口货物销售额	7			—
	单证信息齐全出口货物销售额	8			—
	当期单证齐全应税服务免抵退税计税金额	9			—
	当期单证不齐应税服务免抵退税计税金额	10			—
	前期出口货物单证信息齐全销售额	11		—	—
	前期应税服务单证齐全免抵退税计税金额	12		—	—
	全部单证信息齐全出口货物销售额	13=8+11			—
	全部单证齐全应税服务免抵退税计税金额	14=9+12			—
	免税出口货物劳务销售额（美元）	15			—
	免税出口货物劳务销售额	16			—
	全部退（免）税出口货物劳务销售额（美元）	17=1+15			—
	全部退（免）税出口货物劳务销售额	18			—
	不予退（免）税出口货物劳务销售额	19			—

续　表

	项目	栏次	当期	本年累计	与增值税纳税申报表差额
			（a）	（b）	（c）
二、不得免征和抵扣税额	出口销售额乘征退税率之差	20=21+22			—
	其中：出口货物销售额乘征退税率之差	21			—
	应税服务免抵退税计税金额乘征退税率之差	22			—
	上期结转免抵退税不得免征和抵扣税额抵减额	23		—	—
	免抵退税不得免征和抵扣税额抵减额	24			—
	免抵退税不得免征和抵扣税额	25（如 20>23+24 则为 20–23–24，否则为 0）			
	结转下期免抵退税不得免征和抵扣税额抵减额	26=23+24–20+25		—	—
三、应退税额和免抵税额	免抵退税计税金额乘退税率	27=28+29			—
	其中：出口货物销售额乘退税率	28			—
	应税服务免抵退税计税金额乘退税率	29			—
	上期结转免抵退税额抵减额	30		—	—
	免抵退税额抵减额	31			—
	免抵退税额	32（如 27>30+31 则为 27–30–31，否则为 0）			—
	结转下期免抵退税额抵减额	33=30+31–27+32		—	—
	增值税纳税申报表期末留抵税额	34		—	—
	计算退税的期末留抵税额	35=34–25c		—	—
	当期应退税额	36=（如 32>35 则为 35，否则为 32）			—
	当期免抵税额	37=32–36			—
出口企业申明		授权人申明	主管税务机关		

续表

<table>
<tr><td rowspan="2">项目</td><td rowspan="2">栏次</td><td>当期</td><td>本年累计</td><td>与增值税纳税申报表差额</td></tr>
<tr><td>（a）</td><td>（b）</td><td>（c）</td></tr>
<tr><td>此表各栏填报内容均是真实、合法的，与实际出口业务情况相符。此次申报的出口业务不属于“四自三不见”等违背正常出口经营程序的出口业务。否则，本企业愿意承担由此产生的相关责任。

办税人：
财务负责人：
法定代表人（负责人）：　年　月　日</td><td>（如果你已委托代理申报人，请填写下列资料）

为代理出口货物退税申报事宜，现授权——为本纳税人的代理申报人，任何与本申报表有关的往来文件都可寄予此人。

授权人签字 （盖章）
年　月　日</td><td colspan="3">经办人：
复核人：
负责人：
年　月　日</td></tr>
</table>

增值税小规模纳税人申报时必需的表格如下：

增值税纳税申报表

（适用于增值税小规模纳税人）

纳税人识别号：

纳税人名称（公章）：　　金额单位：元（列至角分）

税款所属期：　年　月　日至　年　月　日　　填表日期：　年　月　日

<table>
<tr><td rowspan="2" colspan="2">项目</td><td rowspan="2">栏次</td><td colspan="2">本期数</td><td colspan="2">本年累计</td></tr>
<tr><td>应税货物及劳务</td><td>应税服务</td><td>应税货物及劳务</td><td>应税服务</td></tr>
<tr><td rowspan="7">一、计税依据</td><td>（一）应征增值税不含税销售额</td><td>1</td><td></td><td></td><td></td><td></td></tr>
<tr><td>税务机关代开的增值税专用发票不含税销售额</td><td>2</td><td></td><td></td><td></td><td></td></tr>
<tr><td>税控器具开具的普通发票不含税销售额</td><td>3</td><td></td><td></td><td></td><td></td></tr>
<tr><td>（二）销售使用过的应税固定资产不含税销售额</td><td>4（4≥5）</td><td></td><td>—</td><td></td><td>—</td></tr>
<tr><td>其中：税控器具开具的普通发票不含税销售额</td><td>5</td><td></td><td>—</td><td></td><td>—</td></tr>
<tr><td>（三）免税销售额</td><td>6（6≥7）</td><td></td><td></td><td></td><td></td></tr>
<tr><td>其中：税控器具开具的普通发票销售额</td><td>7</td><td></td><td></td><td></td><td></td></tr>
</table>

续　表

<table>
<tr><td rowspan="3" colspan="2">项目</td><td rowspan="3">栏次</td><td colspan="2">本期数</td><td colspan="2">本年累计</td></tr>
<tr><td>应税货物及劳务</td><td>应税服务</td><td>应税货物及劳务</td><td>应税服务</td></tr>
<tr></tr>
<tr><td rowspan="2">一、计税依据</td><td>（四）出口免税销售额</td><td>8（8 ≥ 9）</td><td></td><td></td><td></td><td></td></tr>
<tr><td>其中：税控器具开具的普通发票销售额</td><td>9</td><td></td><td></td><td></td><td></td></tr>
<tr><td rowspan="5">二、税款计算</td><td>本期应纳税额</td><td>10</td><td></td><td></td><td></td><td></td></tr>
<tr><td>本期应纳税额减征额</td><td>11</td><td></td><td></td><td></td><td></td></tr>
<tr><td>应纳税额合计</td><td>12=10–11</td><td></td><td></td><td></td><td></td></tr>
<tr><td>本期预缴税额</td><td>13</td><td></td><td></td><td>—</td><td>—</td></tr>
<tr><td>本期应补（退）税额</td><td>14=12–13</td><td></td><td></td><td>—</td><td>—</td></tr>
</table>

<table>
<tr><td rowspan="3">纳税人或代理人声明：
此纳税申报表是根据国家税收法律的规定填报的，我确定它是真实的、可靠的、完整的</td><td>如纳税人填报，由纳税人填写以下各栏：</td></tr>
<tr><td>办税人员（签章）：　　财务负责人（签章）：
法定代表人（签章）：　　联系电话：</td></tr>
<tr><td>如委托代理人填报，由代理人填写以下各栏：
代理人名称：　　经办人（签章）：
联系电话：　　代理人（公章）：</td></tr>
</table>

受理人：　　　受理日期：　年　月　日　　　　受理税务机关（签章）：

本表为 A3 竖式一式三份，一份纳税人留存、一份主管税务机关留存、一份征收部门留存。

增值税纳税申报表（适用于增值税小规模纳税人）附列资料

税款所属期：　年　月　日至　年　月　日　　　　填表日期：　年　月　日

纳税人名称（公章）：　　　　金额单位：元（列至角分）

应税服务扣除额计算

期初余额	本期发生额	本期扣除额	期末余额
1	2	3（3 ≤ 1 + 2 之和，且 3 ≤ 5）	4=1+2–3

应税服务计税销售额计算

全部含税收入	本期扣除额	含税销售额	不含税销售额
5	6=3	7=5–6	8=7 ÷ 1.03

应税服务扣除项目清单

纳税人名称（盖章）：　　　　　　　　　　纳税人识别号：

主管税务机关名称：　　　　　　　　　　　主管税务机关代码：

纳税申报日期：　年　月　日　　　　　　　税款所属期：　年　月　日

金额单位：元（列至角分）（共　页，第　页）

开票方纳税人识别号	开票方单位名称	凭证种类	发票代码	发票号码	服务项目名称	金额
合计	—	—	—	—	—	

说明：1. 本清单按照纳税人取得合法票据的内容填写，其中："凭证种类"填写："发票""财政票据""境外支付单据"；

2. "凭证种类"为"发票"的，必须填写"开票方纳税人识别号"；

3. 小规模纳税人，从试点地区购买应税服务取得增值税专用发票（包括货运）的，"金额"栏应填写价税合计数；

4. 清单"合计"栏数据中的"金额"应与增值税纳税申报表附列资料（三）减除项目本期发生额各栏数据之和一致。

1. 增值税申报表逻辑分析

（1）一般纳税人

"营改增"实施后，增值税申报表（一般纳税人）由一张主表、三张附列资料及四张辅助表构成，三张附表分别体现了增值税销项、进项和应税服务扣除明细的计算过程，为主表销售额和税款计算提供了原始数据，与主表各列保持应有的逻辑关系。另有四张辅助表分别是固定资产进项税额抵扣情况表、增值税销售货物及扣税凭证明细、代扣代缴税收通用缴款书抵扣清单以及应税服务扣除项目清单，分别是对前面各表的统计和说明。

1）主表内在的逻辑关系

从主表的纵向来看，主表由销售额计算、税款计算和税款缴纳三个部分构成，体现了增值税的计算过程。从主表的横向来看，主表由一般货物及劳务和即征即退货物及劳务两部分构成，体现了增值税的课税对象。

在销售额的构成中，应税项目和免税项目分别在第一栏和第八栏中体现，为税款计算中销项税额的计算提供了基数；国内销售和出口销售分别在第一栏和第七栏中体现，为税款计算中销项税额和免抵退货物应退税额提供基数；适用税率销售额和简易办法征收销售额分别在第一栏和第五栏中体现，简易办法征收具有特殊性，故单独填写。

在税款计算栏中，第二十四栏当期应纳的增值税包含当期适按适用税率计算的增值税和按简易办法征收的增值税，如果存在减征额，还要相应地减去减征额。减征额在第二十三栏体现，例如，购买税控机可全额抵扣的金额在填列。当期按适用税率计算的增值税 = 当期销项税额 - 当期实际抵扣税额，当期销项税额在第十一栏，当期实际抵扣税额在第十八栏。当期实际抵扣税额 = 当期进项税额 + 上期留抵税额 - 当期进项税额转出 - 当期免抵退税应退税额。

在税款缴纳栏中，第二十五栏期初未缴税额体现为上期应纳税额，一般情况下与第三十栏相等；第三十二栏期末未缴税额一般情况下与第二十四栏相等。

2）主表与附列资料的逻辑关系

附列资料（一）和附列资料（二）分别体现了主表中当期销售额、销项税额、进项税额、进项税额转出的计算过程，是主表中各数据的基数和来源。

附列资料（一）分别从增值税专用发票、普通发票、未开票及纳税检查调整几个方面为主表的销售额及销项税额作了统计，同时按照一般计税方法、简易计税方法、出口应税行为及免税行为进行归类。

附列资料（二）分别从已申报抵扣的进项税额、进项税额转出、待抵扣进项税额和其他四个板块列示当期进项税额明细。申报抵扣和待抵扣的进项税额均分别有认证相符的防伪税控发票进项税及非防伪税控专用发票和其他扣税凭证进项税。

下面以表格的形式表述各表之间的逻辑关系。

①主表与附列资料（一）的逻辑关系。

序号	主表	逻辑关系	附列资料（一）
1	“一般货物及劳务和应税服务”列第一栏“本月数”	=	第1、第2、第3、第4、第5行第9列之和－第6、第7行第9列之和
2	“即征即退货物及劳务和应税服务”列第一栏“本月数”	=	第6、第7行第9列之和
3	“一般货物及劳务和应税服务”列第四栏“本月数”	=	第1、第2、第3、第4、第5行第7列之和
4	“一般货物及劳务和应税服务”列第五栏“本月数”	≥	第8、第9、第10、第11、第12行第9列之和－第13、第14行第9列之和
5	“即征即退货物及劳务和应税服务”列第五栏“本月数”	≥	第13、第14行第9列之和
6	“一般货物及劳务和应税服务”列第七栏“本月数”	=	第15、第16行第9列之和
7	“一般货物及劳务和应税服务”列第八栏“本月数”	=	第17、第18行第9列之和
8	“一般货物及劳务和应税服务”列第十一栏“本月数”	=	（第1、第3行第10列之和＋第2、第4、第5行第14列之和）－（第6行第10列＋第7行第14列）（若为应税服务企业，附表一应使用扣除后的数据参与校验）
9	“即征即退货物及劳务和应税服务”列第十一栏“本月数”	=	第6行第10列＋第7行第14列
10	“一般货物及劳务和应税服务”列第十六栏“本月数”	≤	第8列第1至第5行之和＋《附列资料（二）》第1列第19行数据
11	“一般货物及劳务和应税服务”列第二十一栏“本月数”	=	（第8、第9、第10、第11行第10列之和＋第12行第14列）－（第13行第10列＋第14行第14列）
12	“即征即退货物及劳务和应税服务”列第二十一栏“本月数”	=	第13行第10列＋第14行第14列

②主表与附列资料（二）的逻辑关系。

序号	主表	逻辑关系	附列资料（二）
1	“一般货物及劳务和应税服务”列第十二栏“本月数”+“即征即退货物及劳务和应税服务”列第十二栏“本月数”	=	第12栏“税额”
2	“一般货物及劳务和应税服务”列第十四栏“本月数”+“即征即退货物及劳务和应税服务”列第十四栏“本月数”	=	第13栏“税额”

③附列资料（一）与（三）的逻辑关系。

序号	附列资料（一）	逻辑关系	附列资料（三）
1	第2行第11列	=	第一栏“17%税率的有形动产租赁服务”
2	第4行第11列	=	第一栏“11%税率的应税服务”
3	第5行第11列	=	第一栏“6%税率的应税服务”
4	第12行第11列	=	第一栏“3%征收率的应税服务”
5	第16行第11列	=	第一栏“免抵退税的应税服务”
6	第18行第11列	=	第一栏“免税的应税服务”
7	第2行第12列	=	第五栏“17%税率的有形动产租赁服务”
8	第4行第12列	=	第五栏“11%税率的应税服务”
9	第5行第12列	=	第五栏“6%税率的应税服务”
10	第12行第12列	=	第五栏“3%征收率的应税服务”
11	第16行第12列	=	第五栏“免抵退税的应税服务”
12	第18行第12列	=	第五栏“免税的应税服务”

④附列资料（二）与代扣代缴税收通用缴款书抵扣清单的逻辑关系。代扣代缴税收通用缴款书抵扣清单中“合计”栏数据中的“税额”应与附列资料（二）第7栏“税额”数据一致。

⑤附列资料（三）与应税服务扣除项目清单的逻辑关系。应税服务扣除项目清单“合计”栏数据中的“金额”应与附列资料（三）扣除项目本

期发生额各栏数据之和一致。

（2）增值税小规模纳税人

小规模纳税人申报表由两部分构成：计税依据和税款计算。小规模纳税人销售使用过的固定资产，其适用税率为2%，只能开具增值税普通发票，其简易征收的销售额分别填列在申报表第四栏和第五栏中。

1）《小规模纳税人纳税申报表》与《小规模纳税人附列资料》的逻辑关系。在申报表所属期内为“应税服务”或“混营增值税”纳税人，《小规模纳税人纳税申报表》中“应征增值税不含税销售额”之本期数“应税服务”列的“应征增值税不含税销售额”栏数据与《小规模纳税人附列资料》中第8栏数据一致。

2）《小规模纳税人附列资料》与《小规模纳税人附列资料清单》的逻辑关系。《小规模纳税人附列资料清单》中的“合计”栏数据中的“税额”应与《小规模纳税人附列资料》第2栏本期发生额数据一致。

2. 增值税申报表特殊注意事项

（1）简易办法征收情况处理

1）固定资产处置业务中，如果按简易办法征收增值税，可减半的税额填列在主表第23栏应纳税减征额中。

2）简易办法征收销售额不作为计算免抵退税不得免征和减征税额和免抵退限额的基数，申报时须单独计算和反映。

（2）增值税检查调整处理

增值税检查中发生调整的，单独设立“应交税费－增值税检查调整”专门账户，反映进、销调整额，其借方余额全部视同留抵进项税额，转入“应交税费－应交增值税（进项税额）”，贷方余额与“应交税费－应交增值税”差额转入“应交税费－未交增值税”。

3. 增值税申报表项目分析

（1）进项税额检查

进项税额是指纳税人购进货物或应税劳务所支付或者承担的增值税税额。购进货物或应税劳务包括外购（含进口）货物或应税劳务、以物易物换入货物、抵偿债务收入货物、接受投资转入的货物、接受捐赠转入的货物以及在购销货物过程当中支付的运费。税法明确规定了准予从销项税额当中抵扣的进项税额和不得从销项税额中抵扣的进项税额。

一般纳税人进项税额抵扣规定

项目	准予从销项税额当中抵扣的进项税额 限于下列增值税扣税凭证上注明的增值税税款和按规定扣除率计算的进项税额		不得从销项税额中抵扣的进项税额
1	纳税人购进货物或应税劳务，从销货方取得增值税专用发票抵扣联上注明的增值税税款	1	用于非应税项目、免税项目、集体福利或者个人消费的购进货额或应税劳务
2	纳税人进口货物从海关取得的完税凭证上注明的增值税税款	2	非正常损失的购进货物及相关的应税劳务
3	纳税人购进免税农产品所支付给农业生产者或小规模纳税人的价款，取得经税务机关批准使用的收购凭证上注明的价款按 13% 抵扣进项税额	3	非正常损失的在产品、产成品所耗用的购进货物或应税劳务
4	纳税人除了取得铁路运输费用结算单据外，将统一按照增值税专用发票的票面税额抵扣进项税额。取得铁路运输费用结算单据，按运费结算单据所列运费和基金金额，按 7% 抵扣进项税额	4	兼营免税项目或非增值税应税劳务无法划分不得抵扣进项税额的，按比例计算不得抵扣税额
5	企业购置增值税防伪税控系统专用设备和通用设备，可凭借购货所取得的专用发票所注明的税额从增值税销项税额中抵扣	5	没有按照规定取得并且保存增值税抵扣凭证或增值税扣税凭证上未按规定注明增值税额及其他有关事项的
6	购进国有粮食购销企业的免税粮食，可以按取得的普通发票金额按 13% 抵扣进项税额	6	外商投资企业生产直接出口的货物中，购买国内原材料所负担的进项税额不予退税，也不得从内销货物的销项税额中抵扣，应做计入成本处理
7	增值税一般纳税人购入应征消费税的摩托车、汽车和游艇，取得的进项税额可以抵扣，但抵扣仅限于生产经营用的部分，属于个人消费的，仍然不能抵扣	7	购入纳税人自用的应征消费税的摩托车、汽车和游艇

进项税额除了要检查抵扣的原始凭证外，还须对相关账户进行检查。原始凭证的检查关注其是否真实、合法、合理；是否符合相应的使用范围；专用发票的开具是否符合要求；票面的逻辑关系是否正确；防伪税控系统开具的增值税专用发票是否经过认证；认证是否及时申报。相关账户的检查包括：通过对“原材料”“包装物”“低值易耗品”等账户的贷方摘要栏进行检查，了解购入存货的去向；通过检查“应付福利费”“在建工程”“待处理财产损益”等账户借方，核实其开支情况，确定企业有无将外购材料用于上述方面，不结转进项税额转出的情况。另外，还可以通过检查固定资产成本构成，发现是否存在非生产用固定资产进项税额抵扣情况；通过检查领料单检查企业外购材料用途；通过检查盘盈、盘亏报告表，核实企业损失材料的真实情况。

对进项税额的测算也能提供理论支持，如果申报进项税额大于测算进项税额，需引起重视。理论上，进项税额年度测算总额与申报的年度进项税额总额相当。

商业企业测算年度进项税额=[（资产负债表）存货增加额+主营业务成本]×适用税率+增值税申报表附列资料（二）第8栏“运输费用”结算单据第1～12月合计税额+固定资产进项税额抵扣情况表中本年累计抵扣税额。

工业企业测算年度进项税额=[（资产负债表）存货材料增加额+主营业务成本材料金额]×适用税率+增值税申报表附列资料（二）第8栏“运输费用”结算单据第1～12月合计税额+固定资产进项税额抵扣情况表中本年累计抵扣税额。

将测算结果与增值税申报表第十二栏比较，如果申报的进项税额明显大于测算税额，被质疑可能存在虚抵税额的情况。

一般纳税人进项税额测算——商业企业

期初存货	期末存货	存货增加额	主营业务成本	适用税率	运费进项税额	固定资产抵扣进项税额	测算进项税额	申报进项税额
(1)	(2)	(3)=(2)-(1)	(4)	(5)	(6)	(7)	(8)=[(3)+(4)]×(5)+(6)+(7)	(9)
评价								

一般纳税人进项税额测算——工业企业

期初存货材料金额	期末存货材料金额	存货材料增加额	主营业务成本材料金额	适用税率	运费进项税额	固定资产抵扣进项税额	测算进项税额	申报进项税额
(1)	(2)	(3)=(2)-(1)	(4)	(5)	(6)	(7)	(8)=[(3)+(4)]×(5)+(6)+(7)	(9)
评价								

其中，存货及成本中的材料金额计算如下：

期初存货					
项目	金额	项目	金额	材料比重	存货中材料金额
(1)		(2)		(3)	(4)=(1)+(2)×(3)
原材料		在产品			
包装物		产成品			
低值易耗品					
委托加工材料					
合计		合计			

期末存货

项目	金额	项目	金额	材料比重	存货中材料金额
(1)		(2)		(3)	(4)=(1)+(2)×(3)
原材料		在产品			
包装物		产成品			
低值易耗品					
委托加工材料					
合计		合计			

主营业务成本材料金额 = 主营业务成本 × 材料比重（含包装物等）

（2）进项税额转出检查

1）有免税项目申报，但无进项税额转出

根据规定，纳税人兼营免税、减税项目的，应当分别核算免税、减税项目的销售额。纳税人当期既有增值税应税项目，又有免征增值税项目，同时又有进项税额发生的，免税部分销售承担的进项税额应当转出。

当申报表主表第一栏、第八栏和第十二栏有发生额，但第十四栏无发生额时，可能存在未按规定转出进项税的情形。

进项税额转出检查——存货转出与成本对应分析

项目	栏次	金额
原材料贷方发生额	(1)	
包装物贷方发生额	(2)	
自制半成品贷方发生额	(3)	
原材料、包装物和自制半成品贷方发生额合计	(4)=(1)+(2)+(3)	
生产成本、制造费用借方发生额合计	(5)	
差额	(6)=(4)-(5)	
其他业务支出发生额	(7)	

续　表

项目	栏次	金额
附列资料（二）非应税项目、非正常损失转出税额	（8）	
非应税项目、非正常损失转出金额	（9）=（8）/0.17	
1. 当（6）-（7）-（9）> 0时，表明异常		
2. （6）表示非主营正常领用的原材料、包装物和自制半成品，扣除（7）其他业务领用后，应为非应税项目领用额及非正常损失额		
3. 如果（6）差额存在，而（8）无转出税额，说明可能存在已抵扣进项税额用于非应税项目或发生非正常损失未作进项转出		
评价：		

进项税额转出检查——出口收入对应进项税额转出

免抵退系统不得免征和抵扣税额	附列资料（二）免抵退办法不得抵扣进项税额	差额
（1）	（2）	（3）=（1）-（2）
如果（3）> 0，异常，说明存在未按规定转出出口货物，不得抵扣进项税额		
评价：		

进项税额转出检查——免税收入对应进项税额转出

项目	栏次	金额
附列资料（二）免税收入	（1）	
全部收入	（2）	
比例	（3）=（1）/（2）	
全部进项税额	（4）	
应转出进项税额	（5）=（4）×（3）	
实际转出进项税额	（6）	
差额	（7）=（5）-（6）	
当（7）> 0时，异常，说明存在未按规定转出免税收入承担的进项税额		
评价：		

2）进项税额转出为负数

一般情况下，进项税额不应为负数，只有一种情形例外。那就是：生产企业进料加工复出口形成的“不予抵扣税额抵减额”大于“免抵退不予抵扣税额”，形成的差额为“进项税额差额负数”。除此之外，进项税额转出负数为申报异常。

4. 财务报表与增值税申报表对比分析

（1）资产负债表相关项目与增值税申报表关系分析

1）货币资金余额与销售收入。一般情况下，资产负债表年平均货币资金不会超过注册资本，或超过资本总额的30%以上。如果货币资金余额过大，而同时应付账款余额也大时，常被质疑存在账外经营。

2）应收款项与销售收入。在判断应税收入及销项税合计数与应收项目的关系时，不能直接使用资产负债表应收账款项目，而应将其与应收账款和预收账款借方发生额合计数相比较。一般情况下二者相等，当有现金收款收入时，应税收入及销项税合计数应大于应收账款和预收账款借方发生额合计数。

3）存货发出额与销售收入。一般情况下，存货金额一般为企业的净成本，而销售额包含一定的利润率，全年存货的发出额应当小于全年申报的销售收入。存货发出金额 =（资产负债表）期初存货 +（申报表）进项税额 / 适用税率 –（资产负债表）期末存货。当存购入存货未开具专用发票而开具普通发票时，存货发出金额应大于按上述公式计算的结果。如果存货发出额大于销售收入，存货的发出可能存在未及时报税的问题。

4）存货周转次数与销售收入。存货周转次数 = 销售成本 / 存货平均余额 = 销售成本 /［（期初存货 + 期末存货）/2］× 100%。一般认为，工业企业年存货周转次数低于3次，商业企业年存货周转次数低于4次为不正

常。过少的周转次数，被质疑有账外收入未入账的可能。

5）固定资产原值发生减少与增值税申报。如果固定资产原值期末数小于期初数，说明企业当期有固定资产报废或处置业务，应当进一步从固定资产明细账中查明减少的固定资产是否属于增值税申报表简易办法征收项目。如果减少的固定资产按适用税率纳税，那么增值税申报表的应税收入大于增值税营业收入。

6）在建工程项目与进项税抵扣。当在建工程本期有发生时，应当关注其相关进项税额的抵扣问题。关注在建工程名称，查明在建工程所领用的材料和物资是否用于不动产项目。如果存在不动产的在建工程项目，其耗用的相关水电应当做进项税额转出，从而与申报表附列资料（二）的进项税额转出相比较。如果有领用材料物资的情形，则须查看增值税申报表附列资料（一）中第五栏“未开发票”栏中是否有对应的金额。

7）预收账款与纳税申报时间。在资产负债表中，预收账款等于预收账款贷方余额和应收账款贷方余额合计数。对于预收账款，判断是否有长期挂账问题，是否存在将预收账款贷方余额转入营业外收入的情形。通过签订的合同判断预收账款纳税义务发生时间。

8）应付职工薪酬与抵扣进项税额。关注应付职工薪酬中是否存在实物发放股利的情形。外购货物发放福利时，购进货物是否抵扣进项税，如果已经抵扣，查实增值税纳税申报表附列资料（二）第十五栏是否有相应的数据。

9）其他应收款与其他应付款是否与经营相关。在资产负债表中，其他应收款和其他应付款反映企业应当收取和支付的与经营无关的项目。根据明细账中相关摘要及所附凭据判断是否存在经营业务往来款项。

（2）利润表相关项目与增值税申报表关系分析

1）利润表指标与申报表指标对比分析。初步判断：申报表主表销售合计数是否等于或大于利润表营业收入数据。一般来讲，二者是相等的，但当存在出售固定资产和视同销售时，增值税申报表销售合计数应大于利润表营业收入。

2）利润表运费比重分析。一般情况下，全年运费金额占销售额的比重不大。将申报表附列资料（二）第八栏运输费用结算单据金额除以主表销售额合计数，如果比重达 5% 以上，属于异常，可能存在虚列运输费用，既多抵扣增值税，又多列支出。

增值税申报表与财务报表对应分析

<table>
<tr><th>项目</th><th colspan="4">与收入关系判断</th></tr>
<tr><td rowspan="4">货币资金与销售收入</td><td>期末余额</td><td>期初期末平均余额</td><td>注册资本</td><td>资本总额的 30%</td></tr>
<tr><td></td><td></td><td></td><td></td></tr>
<tr><td>一般情况下关系</td><td colspan="3">年平均货币资金不会超过注册资本，或超过资本总额的 30% 以上</td></tr>
<tr><td>检查情况</td><td colspan="3"></td></tr>
<tr><td rowspan="5">应收款项与销售收入</td><td>应收账款借方发生额</td><td>预收账款借方发生额</td><td>应税收入</td><td>销项税额</td></tr>
<tr><td></td><td></td><td></td><td></td></tr>
<tr><td>应收合计</td><td></td><td colspan="2">价税合计</td></tr>
<tr><td>二者关系</td><td colspan="3">一般情况下二者相等，当有现金收款收入时，应税收入及销项税合计数应大于应收账款和预收账款借方发生额合计数</td></tr>
<tr><td>检查情况</td><td colspan="3"></td></tr>
<tr><td rowspan="5">存货发出额与销售收入</td><td>期初存货</td><td>申报表进项税额 / 适用税率</td><td>期末存货</td><td>存货发出额</td></tr>
<tr><td></td><td></td><td></td><td></td></tr>
<tr><td colspan="2">全年申报销售收入</td><td colspan="2"></td></tr>
<tr><td>二者关系</td><td colspan="3">一般情况下，全年存货的发出额应当小于全年申报的销售收入；如果存货发出额大于销售收入，存货的发出可能存在未及时报税的问题</td></tr>
<tr><td>检查情况</td><td colspan="3"></td></tr>
</table>

续　表

<table>
<tr><th>项目</th><th colspan="4">与收入关系判断</th></tr>
<tr><td rowspan="4">存货周转次数与销售收入</td><td>销售成本</td><td>期初存货</td><td>期末存货</td><td>存货周转率</td></tr>
<tr><td></td><td></td><td></td><td></td></tr>
<tr><td>参考分析</td><td colspan="3">一般认为，工业企业年存货周转次数低于 3 次，商业企业年存货周转次数低于 4 次为不正常。过少的周转次数，会被质疑有账外收入未入账的可能</td></tr>
<tr><td>检查情况</td><td colspan="3"></td></tr>
<tr><td rowspan="3">固定资产原值发生减少与增值税申报</td><td>固定资产原值期初数</td><td>固定资产原值期末数</td><td>减少额</td><td>是否申报增值税</td></tr>
<tr><td></td><td></td><td></td><td></td></tr>
<tr><td>检查情况</td><td colspan="3"></td></tr>
<tr><td rowspan="4">利润表运费比重</td><td>运费发生额</td><td>销售额</td><td>运费比重</td><td>是否超过 5%</td></tr>
<tr><td></td><td></td><td></td><td></td></tr>
<tr><td>参考分析</td><td colspan="3">一般情况下，全年运费金额占销售额的比重不大。如果比重达 5% 以上，属于异常，有可能存在虚列运输费用，既多抵扣增值税，又多列支出</td></tr>
<tr><td>检查情况</td><td colspan="3"></td></tr>
</table>

（四）分析视同销售

1. 视同销售规定及会计处理

《增值税条例》规定了 8 种视同销售行为，其会计处理分别是：

（1）会计销售类视同销售行为

会计上作销售处理，计算销售收入，并按税法规定交纳增值税。

1）将货物交付他人代销：

委托方的处理——

①视同买断方式下，一般收到受托方的代销清单时，确认收入。

借：应收账款

　　贷：主营业务收入

　　　　应交税费——应交增值税（销项税额）

同时：

借：主营业务成本

　　贷：发出商品

②收取手续费方式下，在收到受托方开来的代销清单时确认收入。

借：应收账款——受托方

　　贷：主营业务收入

　　　　应交税费——应交增值税（销项税额）

同时：

借：主营业务成本

　　贷：发出商品

借：销售费用

　　贷：应收账款——受托方

2）销售代销货物：

受托方的处理——

①视同买断方式下：

借：银行存款

　　贷：主营业务收入

　　　　应交税费——应交增值税（销项税额）

同时：

借：主营业务成本

　　贷：受托代销商品

②收取手续费方式下，在商品实际销售时不确认销售收入，而是在商品销售后，按合同或协议约定的方法计算手续费，确认收入。

实际销售代销商品时：

借：银行存款

贷：应付账款——委托方

应交税费——应交增值税（销项税额）

支付货款并计算代销手续费时：

借：应付账款——委托方

贷：银行存款

主营业务收入（手续费）

3）将自产、委托加工或购买的货物作为投资，提供给其他单位或个体经营者：

借：长期股权投资

贷：主营业务收入 / 其他业务收入

应交税费——应交增值税（销项税额）

4）将自产、委托加工或购买的货物用于分配给股东或投资者：

借：应付股利

贷：主营业务收入

应交税费——应交增值税（销项税额）

5）将自产、委托加工的货物用于集体福利或个人消费：

借：应付职工薪酬

贷：主营业务收入

应交税费——应交增值税（销项税额）

（2）应税销售类视同销售行为

不存在销售行为，不符合销售成立的标志，企业不会由于发生该行为而增加现金流量，也不会增加企业的营业利润。因此，会计上不作销售处理，而按成本结转，但按税法规定，视同销售行为应计算并交纳各种税费。

①设有两个以上机构并实行统一核算的纳税人，将货物从一个机构移送至其他机构用于销售，但相关机构设在同一县（市）的除外：

货物移送不用于销售，不需记账。货物移送且开票收款的，应当进行账务处理。一般纳税人要求独立建账，实行统一核算的总分机构，一般是小规模纳税人，进项税额不可抵扣。

移库时调库处理：

借：库存商品——×× 机构（接收方）

贷：库存商品——×× 机构（送出方）

凭开出发票的记账联：

借：其他应收款——×× 机构（接收方）

贷：应交税费——应交增值税（金额为视同销售应计缴的增值税）

同时，视同销售应计缴的增值税增加存货成本。

借：库存商品——×× 机构(接收方,金额为视同销售应计缴的增值税）

贷：其他应收款——×× 机构（接收方）

②将自产、委托加工的货物用于非应税项目：

属于自产、自用性质，不得开具增值税专用发票，但要按规定计算销项税额，按成本结转，不确认收入。

借：在建工程（非生产经用机器、设备）

贷：库存商品（成本）

应交税费——应交增值税（销项税额）（公允价值 × 增值税税率）

③将自产、委托加工或购买的货物无偿赠送他人。

借：营业外支出

贷：库存商品（成本）

应交税费——应交增值税（销项税额）（公允价值 × 增值税税率）

（3）其他相关注意事项

外购货物用于非应税项目、集体福利和个人消费的，不属于增值税视同销售行为，进项税额不允许抵扣，已抵扣的要作进项转出。

①外购货物用于非应税项目：

借：在建工程

　　贷：原材料

　　　　应交税费——应交增值税（进项税额转出）

②外购货物用于职工福利：

借：应付福利费

　　贷：原材料

　　　　应交税费——应交增值税（进项税额转出）

2. 视同销售会计处理与税法处理存在差异

增值税视同销售的会计处理与税法异同对比表

比较	具体项目	会计处理	税务处理
会计与税法处理方法一致	（1）货物交付他人代销	收到代销清单确认收入计算增值税	收到代销清单确认收入计算增值税
会计与税法处理方法一致	（2）销售代销货物	销售业务发生时按货物公允价值确认收入计算增值税	销售业务发生时按货物公允价值确认收入计算增值税
会计与税法处理方法不一致	（3）设有两个以上机构并实行统一核算的纳税人，将其货物从一个机构移送其他机构用于销售，但相关机构设在同一县（市）的除外	移送时按货物公允价值确认收入计算增值税	移送时按货物公允价值确认收入计算增值税，企业所得税不视同销售
内部处置资产上，会计与税法处理方法不一致	（4）将自产或委托加工的货物用于非应税项目	不作销售处理，直接按成本转账	按货物公允价值确认收入计算销项税额，企业所得税不视同销售

续 表

比较	具体项目	会计处理	税务处理
将自产、委托加工或购买的货物用于同一控制下企业合并会计与税法处理方法不一致	（5）将自产、委托加工或购买的货物作为投资，提供给其他单位或个体经营者	①非同一控制下企业合并及其以外的其他方式的投资确认收入计算增值税 ②同一控制下企业合并，自产、委托加工的货物按照货物的原账面价值转账，购买的货物作为投资不被视同销售，只能按成本予以转账	均计算销项税额，企业所得税将其视同销售要求计入企业应纳税所得额
会计与税法处理方法一致	（6）将自产、委托加工或购买的货物分配给股东或投资者	确认销售收入，结转销售成本，计算销项税额	自产、委托加工按货物公允价值确认，购买货物按购入时的价格确认收入计算增值税、企业所得税
会计与税法处理方法一致	（7）将自产、委托加工的货物用于集体福利或个人消费	按货物公允价值确认收入计算增值税	按货物公允价值确认收入计算增值税、企业所得税
会计与税法处理方法一致	（8）将自产、委托加工或购买的货物无偿赠送他人	不确认收入，相关成本计入捐赠支出	自产、委托加工按货物公允价值、购买货物按购入时的价格计算增值销项税、企业所得税

3. 检查视同销售

一般来讲，容易出现视同销售的行业一是生产消费品并将消费品发给职工的企业，二是生产的产品构成自己的固定资产的企业。那么，如何检查视同销售行为呢？

（1）查原材料、库存商品的去向

将原材料、库存商品贷方发生额与生产成本、主营业务成本借方发生额进行比较，分析是否存在将自产或委托加工及外购货物用于特定方面应当视同销售但未视同销售的情况。

如果库存商品贷方的对应账户为“在建工程”“应付福利费”“长期

股权投资”“营业外支出”“应付利润”等，说明企业存在将自产或委托加工货物用于非应税项目、集体福利、投资、捐赠和分配等视同销售的情况，应计算视同销售销项税。同样，如果原材料贷方对应账户为“长期股权投资”“营业外支出”“应付利润”等，也表明存在外购货物视同销售情况，其相应进项税额应当转出。

视同销售检查

项目	栏次	金额
库存商品贷方发生额	（1）	
主营业务成本借方发生额	（2）	
差额	（3）=（1）-（2）	
增值税申报表附列资料（一）销售额合计	（4）	
利润表主营业务收入	（5）	
差额	（6）=（4）-（5）	
视同销售成本金额	（7）=（6）×0.9	
附列资料（二）非正常损失转出税额	（8）	
非正常损失产品金额	（9）=（8）/0.17	
1. 申报销售额与主营业务收入之差（6），确定企业对视同销售等特殊业务是否申报纳税		
2. 库存商品贷方发生额与主营业务成本借方发生额之差（3），确定企业库存商品非正常出售转出额		
3. 附列资料（二）非正常损失转出税额有数的，除以17%后为非正常损失金额（8）		
4. （3）与（8）比较，确认发生的非正常损失是否已作进项转出		
5. （3）-（7）-（9）>0，说明库存商品非正常销售转出额中扣除已视同销售申报纳税及非正常损失还有余额，表明异常		
评价：		

（2）查委托代销业务的真实性及收入结转时间

1）查委托代销业务合同或协议，以判断委托代销业务的真实性。是否存在将直销业务作为委托代销业务进行核算,从而拖延纳税业务时间的情况。

2）查收到清单后是否及时结转销售；审核商品发出时间，判断发出时间是否超过 180 天，核实是否有延迟纳税义务时间和不计销售的问题。

3）查视同销售税金计算是否准确

增值税暂行条例规定：在符合视同销售下，没有销售额，可以按照下列顺序确定销售额：①按纳税人最近时期同类货物的平均销售价格确定；②按其他纳税人最近时期同类货物的平均销售价格确定；③按组成计税价格确定：组成计税价格 = 成本 ×（1 + 成本利润率）/（1– 消费税税率）。

1）检查按同类货物计价时，价格是否明显偏低；按组成计税价格计价时，成本及成本利润率和消费税税率是否正确。

2）计税依据是否按法定顺序，是否不分情况直接运用组成计税价格计算。

四、增值税应纳税测算

通过计算税负来确定增值税申报是否正常是常用的办法，但是，很多时候看似正常的税负一经分析就会发现不正常。增值税测算一般可以采用以下办法。

1. 增值税一般纳税人（商业企业）

商业企业增值额来自于商品的进销差价，所以增值税税负与进销差价直接相关。测算当期应纳的增值税时有顺向和逆向两种。

（1）顺向分析

当期应纳的增值税与取得的收入、成本和存货的增减息息相关，大致遵循以下关系：

（当期应税收入总额 – 当期成本总额）× 适用税率 ± 当期库存增减变化所含税额 – 期初留抵税金≈当期应纳增值税

注：上式中，库存增加时用“+”表示，库存减少时用“–”表示。

例 5–7：某商业企业收入申报总额为 8000 万元，成本总额为 7000 万元，

税前利润为 100 万元。无期初留抵税额，也无暂估入账库存商品，但期末库存比期初减少 600 万元。申报表显示：当期申报的增值税为 170 万元，增值税税负为 170/8000=2.125%，在符合行业正常范围。那么究竟有没有问题呢？

根据上面的约等式计算当期应纳的增值税为（8000–7000）×17%–600×17%=68 万元，计算出的增值税税负为 68/8000=0.85%，而不是 2.125%！报表看似税负很高，其实不然。

为什么会出现这种情况呢？原因就出在库存商品上。期末库存减少了 600 万元，意味着本期出售商品中，有 600 万元是上期已抵扣 102 万元进项税额但未出货的商品。也就是说，减少库存在本期实现了 102 万元的增值税，当期的实际税负应当是（170–102）/8000=0.85%。

可见，税负不能单单根据申报表的数据来计算。

（2）逆向分析

如果以成本费用来判断应纳税额，一般遵循以下关系式：

（当期进入成本的所有费用 + 当期税前利润 + 除增值税和所得税以外的各项税费）× 适用税率 ± 当期库存增减变化所含税额≈当期应纳增值税

例 5-8：某商业企业申报销售收入 2000 万元，房租、工资和其他税费合计 150 万元，账列税前利润 60 万元。期初无留抵税额，存货期初期末变化不大。当期申报应纳增值税 23 万元，增值税税负率为 23/2000=1.15%，看起来好像正常。

但是，利用上式计算当期应纳增值税为（150+60）×17%=35.7 万元，税负应为 35.7/2000=1.79%，比实际申报高了不少。这是为什么呢？

对于商业企业，发生的费用和取得的税前利润都是通过商品进销差价反映的，其实质就是产品的增值额。增值税的本质是增值额与适用税率之积，由此可推算应纳增值税就是（150+60）×17%=35.7 万元，隐瞒收入的嫌疑随之增大。

一般纳税人应纳增值税测算——商业企业

顺向分析	当期应税收入总额（1）	当期成本总额（2）	适用税率（3）	期初存货库存（4）	期末存货库存（5）	库存增减变化所含税金 （6）=［（5）-（4）］×（3）	期初留抵税金（7）	当期应纳增值税 （8）=［（1）-（2）］×（3）+（6）-（7）	报表申报应纳增值税 （9）
逆向分析	当期计入成本的所有费用（1）	当期税前利润（2）	增值税、所得税以外税费（3）	适用税率（4）	期初存货库存（5）	期末存货库存（6）	库存增减变化所含税金 （7）=［（6）-（5）］×（4）	当期应纳增值税 （8）=［（1）+（2）+（3）］×（4）+（7）	报表申报应纳增值税 （9）
评价	（8）和（9）差异分析：								

2. 增值税一般纳税人（工业企业）

工业企业存货类别较多，除了原材料外，还有产成品和半成品，以及低值易耗品和委托加工材料。存货中所含成本除材料成本外，还有人工费用和间接费用，人工成本和部分间接费用无法取得增值税抵扣，故以存货测算应纳税额较为复杂。工业企业的增值额不但要用于期间费用和相关税费的支出，还须负担销售成本中的直接人工和间接费用。

对工业企业进行顺向分析，大致上仍遵循以下关系：

（当期应税收入总额 - 当期成本总额中的材料成本）× 适用税率 ± 当期产品库存增减变化所含税额 - 期初留抵税金≈当期应纳增值税。

如果以成本费用倒算进行逆向分析，一般遵循以下关系：

（当期进入成本的所有费用 + 当期进入销售成本的人工成本 + 当期税前利润 + 除增值税和所得税以外的各项税费）× 适用税率 ± 当期库存材料增减变化所含税额≈当期应纳增值税。

一般纳税人应纳增值税测算——工业企业

	当期应税收入总额	当期成本总额	成本总额中材料比重	适用税率	存货库存				期初存货材料库存	期末存货材料库存	库存增减变化所含税金	期初留抵税金	当期应纳增值税	报表申报应纳增值税
					存货类别	材料比重	期初存货库存	期末存货库存						
	（1）	（2）	（3）	（4）		（5）	（6）	（7）	（8）=（6）×（5）	（9）=（7）×（5）	（10）=［合计（9）－合计（8）］×（4）	（11）	（12）=［（1）－（2）×（3）］×（4）+（10）－（11）	（13）
顺向分析					原材料	1								
					低值易耗品	1								
					包装物	1								
					委托加工材料	1								
					在产品	材料比重								
					产成品	材料比重								
					合计									

续 表

	当期计入成本的所有费用	直接人工成本	当期税前利润	增值税、所得税以外税费	适用税率	存货库存				期初存货材料库存	期末存货材料库存	库存增减变化所含税金	当期应纳增值税	报表申报应纳增值税
						存货类别	材料比重	期初存货库存	期末存货库存					
	（1）	（2）	（3）	（4）	（5）		（6）	（7）	（8）	（9）=（7）×（6）	（10）=（8）×（6）	（11）=［合计（10）－合计（9）］×（5）	（12）=［（1）+（2）+（3）+（4）］×（5）+（11）	（10）
逆向分析						原材料	1							
						低值易耗品	1							
						包装物	1							
						委托加工材料	1							
						在产品	材料比重							
						产成品	材料比重							
						合计								
评价														

3. 增值税小规模纳税人

小规模纳税人当期应交税金不受库存增减变化的影响，其发生的费用和支付的增值税和所得税以外的税金以及产生的利润均由进销差价反映。所以在推算时，必须计算出准确的当期进销商品综合差价率。

小规模纳税人当期应纳增值税≈（当期进入成本的所有费用＋当期税前利润＋除增值税和所得税以外的各项税费）/ 当期商品销售综合差价率 /（1+3%）×3%

例 5-9：某小规模纳税人商品销售综合差价率为 15%，当期申报收入 40 万元，计入成本的所有费用及税费 5 万元，利润总额 4 万元。当期申报增值税 1.2 万元，是否正常？

应纳增值税≈(5+4)/15%/(1+3%)×3%=1.75 万元，比实际申报多 0.55 万元。

小规模纳税人应纳增值税测算

当期计入成本的所有费用	当期税前利润	增值税、所得税以外税费	当前商品综合差价率	当期应纳增值税	报表申报应纳增值税
（1）	（2）	（3）	（4）	（5）=[（1）+（2）+（3）]/（4）/（1+3%）×3%	（6）
评价					

五、增值税优惠政策运用的检查

增值税税收优惠政策体现了国家的产业支持方向，具体表现在：对“三农”发展的支持；对教育、文化和体育事业的支持；对福利和卫生事业的支持；对科技进步和技术创新的支持；对基础设施和环境保护的支持；对金融事业发展的支持；对资源综合利用的支持；行政执法需要。由于涉及政策繁多，在此不一一阐述。

了解企业是否用足并正确运用增值税税收优惠政策，首先需要了解企业所处行业是否符合国家支持项目。运用职业敏感从企业生产产品及购进成本名称发现税收优惠运用空间。更为重要的是，要清楚税务机关对税收优惠政策如何管理。例如：放弃免税权的规定、增值税即征即退先退后评估的办法、享受多项税收优惠有何规定以及减免税管理办法。结合国家规定和地方规定，最大限度地让企业运用好税收优惠政策。

增值税检查案例：

（一）应税收入挂预收账款

案情简介：

某机电公司为私营企业，系增值税一般纳税人，经营机电工具。健康检查小组对其 2013 年的经营情况进行纳税检查时发现以下类似账务处理很多，认为存在异常情况。

借：银行存款（应收账款等）

　　贷：预收账款

检查分析：

经过检查该企业的资产负债表，发现截至 2013 年 8 月末，“预收账款”贷方余额为 60 多万元。该企业经营的是机电产品，属于非紧俏商品，基本上是买方市场，购货单位先付款后提货的可能性较小，进一步检查“预收账款（暂收款）”账户发现，2013 年上半年贷方发生额比较频繁，于是抽取调阅发生额较大的凭证详细检查。查阅其业务日报表和销售部门的发货记录，发现付款单位已将货提走，但发票未开，从而确定其属于销售货物的行为，只是部分余款未结。说明销售货款挂“预收账款”，未及时转入“商品销售收入”，推定少报销售额 50 多万元。健康检查小组于是提

醒企业及时将已发货的预收款转入收入，避免日后税务机关发现问题而补缴税款及滞纳金和罚款。

（二）非正常损失所含购进未作进项转出

案情简介：

某厂为增值税一般纳税人，是一个生产水泥的工业企业，健康检查人员在查看该企业的财务报表时发现，该企业截至2012年8月营业外支出——非正常损失达56万元，于是对该企业流动资产的毁损和相应应转出的进项税额进行了进一步的检查。查阅“待处理财产损益”科目借方发生额的记账凭证，其账务处理为：

借：待处理财产损益——待处理流动资产损益　　560000元

　　贷：原材料　　120000元

　　　　产成品　　440000元

检查分析：

通过检查原始凭证，发现该厂购进材料霉烂毁损12万元，自产水泥变质后报损44万元，材料、产成品报损共计56万元。另外，税务健康检查人员按照该厂生产成本明细账中的有关数据，测算出生产成本中已抵扣的外购项目金额占生产成本的比例为89%，其中适用17%与13%税率的货物的外购项目金额占生产成本中外购项目金额的比重分别为85%和15%。

健康小组人员认为：按照规定，非正常损失的购进货物以及非正常损失的在产品、产成品所耗用的购进货物或应税劳务的进项税额不得从销项税额中抵扣。该厂没有将应予以转出的进项税额转出，如果被税务机关检查到应补缴增值税款如下：

应转出进项税额

=440000×89%×（85%×17%＋15%×13%）＋120000×17%

=64222.40 元

为避免日后补交滞纳金和罚款，应及时将非正常损失所含进项税额作转出处理。

第二节　消费税纳税检查

一、消费税简介

消费税是以消费品（消费行为）的流转额作为课税对象的各种税收的统称，是典型的间接税，是在对货物普遍征收增值税的基础上，选择少数消费品再征收的一个税种，主要是为了调节产品结构，引导消费方向，保证国家财政收入。现行消费税的征收范围主要包括：烟、酒及酒精、鞭炮、烟火、化妆品、成品油、贵重首饰及珠宝玉石、高尔夫球及球具、高档手表、游艇、木制一次性筷子、实木地板、汽车轮胎、摩托车、小汽车等税目。征税对象是生产、委托加工、零售和进口的应税消费品。

消费税税率既按税目设置不同的税率，又对某些产品因等级、功能、耗用材料的不同分别设置差别税率；既有按计税价格设置不同的比例税率，也有按数量设置不同的单位税额。在企业生产多类产品，且质量、性能、用途又接近的情况下，很容易错用税目税率，造成计算缴纳税款错误。消费税有按价征收，也有按数量计征，还有同时按价格和数量征收，计税依

据是否准确对应纳税额起到关键的作用。生产应税消费品后，有的用于自用进行连续加工，有的直接出售，应纳消费税计算方法各不相同。另外，委托加工应税消费品时，需要代扣代缴消费税。所以，需要从税率、计税依据、自产自用和委托加工几个方面加以重视。

二、消费税申报指标评估

（一）利用横向评估分析指标

1. 消费税税负率

消费税税负率 = 应纳消费税 / 应税主营业务收入

如果税负率低于同行业水平，而且连年下降，考虑有无将自产产品或外购应税消费品用于集体福利等，不计或少计销售数量、少计消费税等问题。

2. 销售毛利率

销售毛利率 = 销售毛利 / 主营业务收入净额

销售毛利率低于同行业水平，应引起重视。

3. 销售利润率

销售利润率 = 营业利润 / 主营业务收入净额

销售利润率低于同行业水平，应引起重视。

4. 原材料费用率

原材料费用率 = 原材料费用 / 主营业务收入净额

原材料费用率高于同行业水平，应引起重视。

5. 产量评估指标

应纳消费税产量变动与应纳消费税额相配比，应纳消费税税额的增长率与同期产量增长率应基本一致。二者均为正，且比值明显小于 1、比值大于 1 但二者均为负、比值为负均为异常现象。

（二）利用纵向评估分析指标

1. 收入税金配比率

应纳税额变动率 =（本期应缴消费税 – 上年同期应缴消费税）/ 上年同期应缴消费税

主营业务收入变动率 =（本期主营业务收入净额 – 上年同期主营业务收入净额）/ 上年同期主营业务收入净额

二者比值一般为 1 左右。二者均为正且比值明显小于 1、比值大于 1 但二者均为负、比值为负均为异常现象。

2. 收入销量配比率

产品销量变动率 =（本期产品销量 – 上年同期产品销量）/ 上年同期产品销量

主营业务收入变动率 =（本期主营业务收入净额 – 上年同期主营业务收入净额）/ 上年同期主营业务收入净额

销售成本变动率 =（本期主营业务成本 – 上年同期主营业务成本）/ 上年同期主营业务成本

任何两个变动率比值一般为 1 左右，二者均为正且比值明显小于 1、比值大于 1 但二者均为负、比值为负均为异常现象。当销售成本变动率与销售数量变动率比值大于 1，销售成本变动率与销售数量变动率都为正时，可能存在本企业将自产产品或外购应税消费品用于集体福利等问题。

3. 收入价格配比率

产品价格变动率 =（本期产品价格 – 上年同期产品价格）/ 上年同期产品价格

主营业务收入变动率 =（本期主营业务收入净额 – 上年同期主营业务收入净额）/ 上年同期主营业务收入净额

如果二者比率为负，考虑产品销量是否出现较大变化，如果销量稳定，

是否存在未入账报税收入。

4. 人均收入差额

人均收入差额 =（本期主营收入净额 / 本期职工人数）-（上年同期主营收入净额 / 上期职工人数）

一般情况下，人均创造的收入均值比较稳定，人均收入差额较小，如果大幅度变动，往往存在未如实记收入的问题。

5. 产品产量变动与原材料变动率

产品产量变动率 =（本期产品产量 - 上年同期产品产量）/ 上年同期产品产量

原材料变动率 =（本期耗用原材料 - 上年同期耗用原材料）/ 上年同期耗用原材料

二者一般同向变动，如果两者比值过高，则可能少计产量和收入。

6. 销量变动率与价格变动率

销量变动率 =（本期产品销量 - 上年同期产品销量）/ 上年同期产品销量

价格变动率 =（本年产品价格 - 上年同期产品价格）/ 上年同期产品价格

通常，销量和价格呈反向变动，如果同向增减，则可能存在少计销量和收入情况。

7. 应纳消费税变动率与应纳增值税变动率

消费税是对特殊商品在增值税基础上加征的一道税，应纳消费税变动率与应纳增值税变动率一般应同向变化，如果二者反向变化，则为异常。

三、消费税申报数据检查

（一）检查适用税率、税目

根据消费税税法规定的税目税率表，检查是否错用税目，据以计算缴纳消费税的税率（税额）是否准确。须确认以下内容。

（1）有无将高税率产品申报为低税率产品。尤其是：①产品性能相似而税率不同的应税消费品，如化妆品与护肤护发品、汽油和柴油等。②产品名称相似但原材料配方不同而税率不同的应税消费品，如酒和酒精。③同一品目因质量、价格不同而税率不同的应税消费品，如烟。④同一产品因容量不同而税率不同的应税消费品，如小汽车。

（2）有无兼营不同税率应税消费品的情况。当存在兼营不同税率应税消费品但没有分别核算销售收入、销售数量时，是否按较高税率申报纳税。

（3）有无将不同税率的应税消费品组成成套消费品销售的情况。当存在此种情况时，是否按最高税率申报纳税。

消费税税目、税率表

税目	税率
一、烟	
1. 卷烟	
（1）甲类卷烟	45% 加 0.003 元 / 支
（2）乙类卷烟	30% 加 0.003 元 / 支
2. 雪茄烟	25%
3. 烟丝	30%
二、酒及酒精	
1. 白酒	20% 加 0.5 元 /500 克（或者 500 毫升）
2. 黄酒	240 元 / 吨
3. 啤酒	
（1）甲类啤酒	250 元 / 吨
（2）乙类啤酒	220 元 / 吨
4. 其他酒	10%
5. 酒精	5%
三、化妆品	30%
四、贵重首饰及珠宝玉石	
1. 金银首饰、铂金首饰和钻石及钻石饰品	5%
2. 其他贵重首饰和珠宝玉石	10%
五、鞭炮、烟火	15%

续　表

税目	税率
六、成品油	
1. 汽油	
（1）含铅汽油	0.28 元 / 升
（2）无铅汽油	0.20 元 / 升
2. 柴油	0.10 元 / 升
3. 航空煤油	0.10 元 / 升
4. 石脑油	0.20 元 / 升
5. 溶剂油	0.20 元 / 升
6. 润滑油	0.20 元 / 升
7. 燃料油	0.10 元 / 升
七、汽车轮胎	3%
八、摩托车	
1. 气缸容量（排气量，下同）在 250 毫升（含 250 毫升）以下的	3%
2. 气缸容量在 250 毫升以上的	10%
九、小汽车	
1. 乘用车	
（1）气缸容量（排气量，下同）在 1.0 升（含 1.0 升）以下的	1%
（2）气缸容量在 1.0 升以上至 1.5 升（含 1.5 升）的	3%
（3）气缸容量在 1.5 升以上至 2.0 升（含 2.0 升）的	5%
（4）气缸容量在 2.0 升以上至 2.5 升（含 2.5 升）的	9%
（5）气缸容量在 2.5 升以上至 3.0 升（含 3.0 升）的	12%
（6）气缸容量在 3.0 升以上至 4.0 升（含 4.0 升）的	25%
（7）气缸容量在 4.0 升以上的	40%
2. 中轻型商用客车	5%
十、高尔夫球及球具	10%
十一、高档手表	20%
十二、游艇	10%
十三、木制一次性筷子	5%
十四、实木地板	5%

（二）检查计税依据

1. 带包装销售应税消费品计税依据的检查

（1）政策规定

1）凡带包装销售货物，无论包装物如何使用，也不论其在会计上如何核算，包装物一律应随同所包装的货物适用的税目、税率货物销售额纳税。

2）企业在销售货物过程中领用包装物所收取的包装物租金，应按价外费用处理，与货物销售额一并纳税。

3）企业在销售货物过程中所收取的包装物押金收入：

啤酒、黄酒除外的酒类产品：

对酒类产品生产企业生产销售的酒类产品而收取的包装物押金（啤酒、黄酒除外），无论押金是否退还，与会计如何核算，均应并入酒类产品销售额中申报纳税。

其他产品（包括啤酒、黄酒）：

收取时不并入货物销售额纳税，但对因逾期未收回的包装物不再退还的和已收取一年以上的押金，应并入货物销售额缴纳增值税。

（2）检查

1）包装物随同产品一起出售但单独计价：包装物有无不随同所包装货物适用的税目、税率纳税，而是单独申报增值税？

2）销售过程中领用包装物不随同产品一起出售，而用于出租出借：收取的租金收入是否未申报增值税、消费税，而是申报营业税？

3）收取的包装物押金收入：是啤酒、黄酒外的酒类产品吗？是否及时报税？押金收入是否超时并及时报税？

消费税计税依据的检查

情形一：带包装销售应税消费品

<table>
<tr><td>销售方式</td><td colspan="3">包装物纳税情况</td><td>评价纳税税种及税率是否正确</td></tr>
<tr><td rowspan="2">包装物随同产品一起出售但单独计价</td><td>单独纳增值税</td><td>作为价外费用纳增值税、消费税</td><td>只随同产品纳消费税</td><td rowspan="2"></td></tr>
<tr><td></td><td></td><td></td></tr>
<tr><td rowspan="3">包装物用于出租和出借</td><td colspan="3">租金收入申报纳税情况</td><td>评价申报是否正确</td></tr>
<tr><td>增值税</td><td>消费税</td><td>营业税</td><td rowspan="2"></td></tr>
<tr><td></td><td></td><td></td></tr>
<tr><td rowspan="4">收取包装物押金</td><td colspan="2">产品类别</td><td colspan="2">纳税情况有评价</td></tr>
<tr><td rowspan="2">酒类</td><td>非啤酒、黄酒</td><td>是否纳消费税</td><td></td></tr>
<tr><td>啤酒、黄酒</td><td rowspan="2">押金收取是否超一年并纳税</td><td rowspan="2"></td></tr>
<tr><td colspan="2">其他消费品</td></tr>
</table>

例 5-10：某酒厂销售自制的粮食散装白酒，成本价 4000 元，不含税的销售价 10000 元，销售数量 1000 千克，另外收包装桶款 117 元，该包装桶的成本为 100 元。

会计分录：

①售酒：

借：银行存款　　11700 元

　　贷：主营业务收入　　10000 元

　　　　应交税费——应交增值税（销项）　　1700 元

借：主营业务成本　　4000 元

　　贷：库存商品　　4000 元

应纳消费税 =10000 × 20%+1000 × 2 × 0.5=3000 元

借：主营业务税金及附加　　3000 元

贷：应交税费——应交消费税 3000 元

②售包装物：

借：银行存款 117 元

贷：其他业务收入 100 元

应交税费——应交增值税 17 元

应交消费税 =100×20%=20 元

借：其他业务支出 120 元

贷：包装物 100 元

应交税费——应交消费税 20 元

例 5-11：某酒厂销售自制的粮食散装白酒，成本价 4000 元，不含税的销售价 10000 元，销售数量 1000 千克，另外收包装桶租金款 117 元。

会计分录：

①售酒：

借：银行存款 11700 元

贷：主营业务收入 10000 元

应交税费——应交增值税（销项） 1700 元

借：主营业务成本 4000 元

库存商品 4000 元

应纳消费税 =10000×20%+1000×2×0.5=3000 元

借：主营业务税金及附加 3000 元

贷：应交税费——应交消费税 3000 元

②出租包装物：

借：银行存款 117 元

贷：其他业务收入 100 元

应交税费——应交增值税 17 元

应交消费税 =100×20%=20 元

借：其他业务支出　　20 元

　　贷：应交税费——应交消费税　　20 元

例 5-12：某酒厂销售粮食散装白酒 1000 千克，成本价 4000 元，售价 10000 元（不含税），另收白酒桶押金收入 117 元；销售乙类啤酒 1 吨，售价 4000 元（不含税），成本价 2000 元，同时收啤酒桶押金收入 585 元。所收押金均需一年内退还。

会计分录：

①售酒：

借：银行存款　　16380 元

　　贷：主营业务收入——白酒　　10000 元

　　　　主营业务收入——啤酒　　4000 元

　　　　应交税费——应交增值税　　2380 元

借：主营业务成本——白酒　　4000 元

　　主营业务成本——啤酒　　2000 元

　　贷：库存商品——白酒　　4000 元

　　　　库存商品——啤酒　　2000 元

售白酒应纳消费税 =10000×20%+1000×2×0.5=3000 元

售啤酒应纳消费税 =220×1=220 元

借：主营业务税金及附加　　3220 元

　　贷：应交税费——应交消费税　　3220 元

②收白酒押金：

借：银行存款　　117 元

　　贷：其他应付款——白酒押金　　117 元

收白酒押金应纳增值税 =100×17%=17 元

借：其他应付款——白酒押金　　17元

　　贷：应交税费——应交增值税　　17元

收白酒押金应交消费税 =100×20%=20元

借：其他业务支出　　20元

　　贷：应交税费——应交消费税　　20元

③收啤酒押金：

借：银行存款　　585元

　　贷：其他应付款——啤酒押金　　585元

④如果押金没收不归还：

借：其他应付款——白酒押金　　100元

　　贷：其他业务收入　　100元

借：其他应付款——啤酒押金　　585元

　　贷：其他业务收入　　500元

　　　　应交税费——应交增值税（销项）　　85元

因为啤酒是按量计征消费税，此时不存在补消费税的问题。

2. 委托加工应税消费品的检查

（1）政策规定

对于由委托方提供原料和主要材料，受托方只收取加工费和代垫部分辅助材料加工的应税消费品，由受托方向委托方交货时代扣代缴消费税，受托方作为代扣代缴义务人未代扣代缴和少代扣代缴消费税，应按税收征收管理法的规定，承担罚款的法律责任；作为纳税人的委托方，若其委托加工的应税消费品受托方没有按规定代扣代缴税款的，应承担补缴税款的法律规定。

（2）检查

1）有无将自制产品的销售按加工业务处理，从而少计增值税，漏缴

消费税。

凡是受托方直接提供原材料按委托方要求加工的产品或者是受托方先将原材料卖给委托方，然后再接受加工的应税消费品，以及由受托方以委托方名义购进材料进行生产的应税消费品，无论纳税人在财务上是否做销售处理，一律按受托方的自制产品处理。

检查加工业务合同，看是否符合加工业务条件。

2）有无不代扣代缴消费税？代扣代缴消费税正确吗？

受托方代扣代缴消费税应按以下顺序确定计税依据：受托方同类货物本期平均售价；受托方同类货物近期平均售价；组成计税价格。组成计税价格的计算办法如下：

①采用从价定率征收办法的：

组成计税价格 =（材料成本 + 加工费）/（1 – 消费税税率）

②采用从量定额征收办法的：

以纳税人收回的应税消费品数量为计税依据。

③采用从价定率与从量定额相结合征收的办法：

组成计税价格 =（材料成本 + 加工费 + 销售量 × 单位税额）/（1– 消费税率）

加工收回的应税消费品连续生产非应税消费品，计算扣除代扣代缴的消费税应按实耗扣税法而不是按购进扣税法确定。

消费税计税依据的检查

情形二：委托加工应税消费品

加工业务处理	加工合同是否符合加工条件	主要材料由谁提供	材料发票如何开具	是否应作自制产品处理
代扣代缴消费税	计税方式	从价征收	从量征收	定价定量征收
	材料成本			
	加工费			
	销售量	—		
	单位税额	—		
	消费税税率		—	
	代扣代缴依据			
	应代扣代缴消费税			
	实际代扣代缴消费税			

例 5-13：委托加工应税消费品

某卷烟厂本月从农民手中收购烟叶，支付 5 万元，开具收购凭证，直接拨往某加工厂加工成烟丝，支付加工费 26500 元，增值税款 4505 元，取得专用发票。本月收回烟丝后一半直接出售，售价 80000 元，另一半验收入库，用于连续生产卷烟，假设企业加工收回验收入库的烟丝全部使用，连续生产甲类卷烟，本月销售甲类卷烟共计 4 大箱，售价（不含税）100000 元。

①购进原材料时：

借：原材料　　43500 元

　　应交税费——应交增值税（进项税）　　6500 元

　　贷：现金　　50000 元

②将烟叶拨往加工厂：

借：委托加工物资　43500 元

　　贷：原材料　43500 元

③支付加工费时：

借：委托加工物资　26500 元

　　应交税费——应交增值税（进项税额）　4505 元

　　贷：银行存款　31005 元

④支付代扣代缴消费税：

消费税税额 =（43500+26500）/（1–30%）×30%=30000 元

借：应交税费——应交消费税　15000 元

　　委托加工物资　15000 元

　　贷：银行存款　30000 元

⑤烟丝入库时：

借：原材料——烟丝　35000 元

　　库存商品——烟丝　50000 元

　　贷：委托加工物资　85000 元

⑥销售烟丝时：

借：银行存款　93600 元

　　贷：主营业务收入——烟丝　80000 元

　　　　应交税费——应交增值税　13600 元

借：主营业务成本　50000 元

　　贷：库存商品　50000 元

销售烟丝应纳消费税 80000×30%=24000 元

借：主营业务税金及附加　24000 元

　　贷：应交税费——应交消费税　24000 元

⑦销售卷烟时：

借：银行存款　　117000元

　　贷：主营业务收入　　100000元

　　　　应交税费——应交增值税（销项税额）　　17000元

同时结转相应成本：

销售卷烟应纳消费税100000×45%+4×150−15000=30600元

借：主营业务税金及附加　　30600元

　　贷：应交税费——应交消费税　　30600元

3. 自产自用应税消费品的检查

（1）政策规定

企业将自制的应税消费品用于连续生产非应税消费品和在建工程、管理部门、非生产机构、提供劳务以及馈赠、赞助、集资、广告、样品、职工福利、奖励等方面的，应在移送使用环节计算缴纳消费税。

企业将自制应税消费品对外投资、以物易物、抵偿债务的，应按最高售价计算消费税。

（2）检查

库存商品贷方发生额对应科目为非成本科目的项目，库存商品发出时是否申报增值税。

消费税计税依据的检查

情形三：自产自用应税消费品				
库存商品贷方发生项目内容	对应科目		是否视同销售	纳税情况
	成本科目	非成本科目		

4. 用外购已税消费品连续生产应税消费品应纳税额的检查

（1）政策规定

1）可按当其生产领用数量计算准予扣除的外购应税消费品已纳消费税税款（有规定范围）。

2）当期准予扣除的外购应税消费品已纳税款 = 当期准予扣除的外购应税消费品买价 × 外购应税消费品适用税率。

当期准予扣除的外购应税消费品买价 = 期初库存的外购应税消费品的买价 + 当期购进的应税消费品的买价 – 期末库存外购应税消费品的买价

3）购进后再出售应税消费品允许按上述办法计算扣除外购应税消费品已纳税款限于以下情况：

①既有自产应税消费品，同时又购进与自产应税消费品同样的应税消费品进行销售的工业企业；

②自己不生产应税消费品，而只是购进后再销售应税消费品的工业企业，其销售的化妆品、护肤护发品、鞭炮烟花和珠宝玉石，凡不能构成最终消费品直接进入消费品市场，而需进一步加工的（包括深加工、包装、贴表、组合）。

4）上述外购应税消费品只限于从工业企业的购进，不包括从商业企业外购的应税消费品。

（2）检查

1）抵扣范围是否符合规定：有无将外购酒和酒精连续生产白酒列入抵扣范围，或是将外购轮胎连续生产汽车列入抵扣范围。

2）有无将从非工业企业购进的应税消费品计算抵扣消费税。

3）计算抵扣消费税时有无按账面成本计算而不是按买价计算，外购应税消费品买价有无不换算成不含税价，不含税价的换算是否正确。

4）有无不按实耗扣税法而是按购进扣税法扣除外购应税消费品已纳

消费税税款。

消费税计税依据的检查

情形四：外购已税消费品连续生产应税消费品

<table>
<tr><td rowspan="2"></td><td colspan="2">规定</td><td colspan="2">企业情况</td></tr>
<tr><td>外购已税产品</td><td>生产应税产品</td><td>外购已税产品</td><td>生产应税产品</td></tr>
<tr><td rowspan="12">抵扣范围的检查</td><td>烟丝</td><td>卷烟</td><td></td><td></td></tr>
<tr><td>化妆品</td><td>化妆品</td><td></td><td></td></tr>
<tr><td>护肤护发品</td><td>护肤护发品</td><td></td><td></td></tr>
<tr><td>珠宝玉石</td><td>贵重首饰和珠宝玉石</td><td></td><td></td></tr>
<tr><td>鞭炮烟花</td><td>鞭炮烟花</td><td></td><td></td></tr>
<tr><td>汽车轮胎</td><td>汽车轮胎</td><td></td><td></td></tr>
<tr><td>摩托车</td><td>摩托车</td><td></td><td></td></tr>
<tr><td>木制一次性筷子</td><td>一次性筷子</td><td></td><td></td></tr>
<tr><td>杆头、杆身</td><td>高尔夫球杆</td><td></td><td></td></tr>
<tr><td>实木地板</td><td>实木地板</td><td></td><td></td></tr>
<tr><td>石脑油</td><td>应税消费品</td><td></td><td></td></tr>
<tr><td>润滑油</td><td>润滑油</td><td></td><td></td></tr>
<tr><td>评价</td><td>有无抵扣范围错误</td><td colspan="3"></td></tr>
</table>

<table>
<tr><td rowspan="3">应税消费品购入来源</td><td>销货企业类型</td><td>消费税是否抵扣</td><td>是否从非工业企业购进抵扣了消费税</td><td>评价</td></tr>
<tr><td>工业企业</td><td></td><td></td><td rowspan="2"></td></tr>
<tr><td>商业企业</td><td></td><td></td></tr>
<tr><td rowspan="2">计税抵扣依据</td><td>买价还是账面成本</td><td>是否换算为不含税价</td><td colspan="2">评价</td></tr>
<tr><td></td><td></td><td colspan="2"></td></tr>
<tr><td rowspan="2">扣税方法</td><td>实耗法还是购进法</td><td colspan="3">评价</td></tr>
<tr><td></td><td colspan="3"></td></tr>
</table>

四、消费税优惠政策运用的检查

由于消费税是针对特殊消费品、奢侈品、高能耗消费品、不可再生的稀缺资源消费品进行征税，其目的和对象决定了消费税的优惠政策很少。税收优惠政策主要有：

（1）出口免税。

（2）子午线轮胎免征消费税，翻新轮胎停止征收消费税。

（3）自 2010 年 12 月 1 日起农用拖拉机、收割机、手扶拖拉机专用轮胎不属于消费税“汽车轮胎”的征收范围，不征收消费税。

第三节　营业税纳税检查

一、营业税的改革简介

“营改增”之前，营业税是针对我国境内提供应税劳务、转让无形资产和销售不动产的单位和个人，就其取得的营业额征收的一种税。其征税范围涉及第三产业这一广泛领域，税目和税率按行业设置，主要在劳务流通领域发挥作用。

“营改增”改革主要在交通运输业和部分现代服务业进行，2013 年 8 月 1 日起试点在全国范围内推开，改革为“7+1”模式。时任国务院副总理的李克强在 2012 年 10 月 18 日举行的扩大营业税改征增值税试点工作座谈会上表示，要抓紧制订扩大改革试点的具体方案，有序扩大试点范围，适时将邮电通信、铁路运输、建筑安装等行业纳入改革试点。

根据国家和地方财力，逐步将“营改增”扩大到全国。李克强认为，推进“营改增”是从大局着眼、细处入手、牵一发而动全身的举措，这不是营业税和增值税的简单转换，而是重大制度创新。通过将营业税逐步改为增值税，基本消除重复征税，并实现公平税负，做到对货物和服务统一征税，有利于防止重产品、轻服务的问题。这达到了简化和规范税制的要求，体现了税改的方向。随着“营改增”试点的不断深入，营业税已经在一些行业被增值税代替。可以预测，营业税最终可能将成为一个历史名词。

“营改增”前后，税目和税率发生了一些变化。

“营改增”之前营业税税率表

税目	范围	税率(%)
1. 交通运输业	包括陆路运输、水路运输、航空运输、管道运输和装卸搬运	3
2. 建筑业	包括建筑、安装、修缮、装饰和其他工程作业	3
3. 金融保险业	包括金融、保险	5
4. 邮电通信业	包括邮电、电信	3
5. 文化体育业	包括文化业和体育业	3
6. 娱乐业	包括经营歌厅、舞厅、卡拉OK歌舞厅、音乐茶座、台球、高尔夫球场、保龄球场、游艺场等娱乐场所	5 ~ 20
7. 服务业	包括代理业、旅店业、饮食业、旅游业、仓储业、租赁业、广告业和其他服务业	5
8. 转让无形资产	包括转让土地使用权、商标权、专利权、非专利权、著作权和商誉	5
9. 销售不动产	包括销售建筑物或构筑物和销售其他土地附着物	5

"营改增"之后税率变化表

大行业名称	小行业名称	具体行业名称	税率（征收率）	原营业税税目	税率（%）
交通运输业	陆路运输服务	公路运输	11%（税率）、3%（征收率）	公路运输	3
		缆车运输		缆车运输	
		索道运输		索道运输	
		其他陆路运输		其他陆路运输	
	水路运输服务	水路运输服务		水路运输	
	航空运输服务	航空运输服务		航空运输	
	管道运输服务	管道运输服务		管道运输	
部分现代服务业	研发和技术服务	研发服务	6%（税率）、3%（征收率）	其他服务业	5
		技术转让服务		转让专利权、转让非专利技术	
		技术咨询服务		其他服务业	
		合同能源管理服务		其他服务业	
		工程勘察勘探服务		测绘、勘探	
	信息技术服务	软件服务	6%（税率）、3%（征收率）	其他服务业	5
		电路设计及测试服务		其他服务业	
		信息系统服务		其他服务业	
		业务流程管理服务		其他服务业	
	文化创意服务	设计服务	6%（税率）、3%（征收率）	其他服务业	5
		商标著作权转让服务		转让商标权、转让著作权、转让商誉	5
		知识产权服务		其他服务业	5
		广告服务		广告业	5
		会议展览服务		其他文化业	3

续 表

大行业名称	小行业名称	具体行业名称	税率（征收率）	原营业税税目	税率（%）
部分现代服务业	物流辅助服务	航空服务	6%（税率）、3%（征收率）	航空运输	3
		港口码头服务		水路运输	3
		货运客运场站服务		公路运输、其他服务业	3、5
		打捞救助服务		水路运输	3
		货物运输代理服务		代理业	5
		代理报关服务		代理业	5
		仓储服务		仓储业	5
		装卸搬运服务		装卸搬运	3
	有形动产租赁服务	有形动产融资租赁	17%（税率）、3%（征收率）	融资租赁	5
		有形动产经营租赁		租赁业	5
	鉴证咨询服务	认证服务	6%（税率）、3%（征收率）	其他服务业	5
		鉴证服务		其他服务业	5
		咨询服务		咨询	5
	广播影视服务	广播影视节目（作品）的制作服务	6%（税率）、3%（征收率）	其他服务业	5
		广播影视节目（作品）的发行服务		其他服务业	5
		广播影视节目（作品）播映（放映）服务		文化体育业	3

二、营业税纳税评估和检查

由于营业税是按行业计征的，所以也应按行业进行纳税评估和检查。

1. 铁路运输业、邮电通信业（有望“营改增”）

财政部部长楼继伟和国家税务总局局长王军 2013 年 4 月 16 日在接受记者采访时均表示，目前正在抓紧准备铁路运输和邮电通信业纳入营业税

改征增值税试点方案，力争2013年年底或2014年年初尽早出台。

2. 建筑业

由于“营改增”后建筑业税负增加可能超过预期，建筑业“营改增”将推迟实施，作为“营改增”的最后一个行业推广。

（1）政策规定

建筑业营业税是对我国境内提供应税建筑劳务就其营业额征收的营业税。建筑业是指建筑安装工程作业等，包括建筑工程、安装工程、修缮工程、装饰工程和其他工程作业等内容。

适用税率：3%。

计税依据特别规定：

1）纳税人提供建筑业劳务（不含装饰劳务）的，其营业额应当包括工程所用原材料、设备及其他物资和动力价款，但不包括建筑方提供的设备价款。

2）从事安装作业，安装设备价值作为安装工程产值的，营业额包括设备的价款。

3）总承包人将建筑工程分包或转包他人的，以其取得的全部价款和价外费用扣除其支付给他人的分包或转包款后的余额为营业额。

4）自建自用房屋不纳税，自建后出售房屋两个环节纳税，自建行为按建筑业交纳营业税，销售行为按销售不动产交纳营业税。

5）受托进行建筑物拆除、平整土地的劳务收入按建筑业缴纳营业税，代支付拆迁补偿费按服务业——代理业差额征税（代理收入减去支付的补偿费）。

6）将建筑物无偿赠与他人的，由税务机关按下列顺序核定营业额：

①纳税人最近一段时间发生的同类应税行为的平均价格核定；

②其他纳税人最近一段时间发生的同类应税行为的平均价格核定；

③按公式核定：

营业额 = 营业成本或工程成本 ×（1+ 成本利润率）/（1– 营业税税率）

（2）纳税检查

1）检查应税收入是否全部纳税。

2）有无分解工程价款的现象。如：

①向发包单位收取的各种索赔款不计入营业收入，而作为营业外收入入账。

②向建设单位收取的提前竣工奖，计入“应付福利费”，作为职工奖励，未申报营业收入。

③将其他业务收入冲减费用，不申报纳税。

3）检查工程分包和转包环节总承包人是否代扣代缴营业税。

4）查看安装工程合同，营业额是否包含设备价款。

5）应税项目是否正确，是否存在高税率项目，低税率计税。

营业税检查——建筑业

应税收入检查								
业务类型	营业收入内容							
非装饰劳务	项目	劳务价款	原材料价款	施工方设备款	动力价款	其他物资款	合计
	应计金额						
	申报金额						
安装作业	项目	安装费	安装设备价值				合计
	应计金额						
	申报金额						
转包工程	项目	全部价款	价外费用	转包价款（减项）			合计
	应计金额						
	申报金额						

工程价款检查

项目	索赔款	提前竣工奖	其他业务收入	评价
入账科目				
应计科目	营业收入			

代扣代缴营业税检查

分包收入	转包收入	是否代扣代缴税款	代扣代缴金额	评价

3. 金融保险业

（1）政策规定

金融业包括贷款、融资租赁、金融商品转让、金融经纪和其他金融业务；保险业务包括初保和储金业务。计税依据分别是：

贷款：贷款利息收入（包括加息和罚息）。

融资租赁（须经批准）：收取的全部价款和价外费用减去实际成本按天数直线折算。

金融商品转让：卖出原价减去买入原价后的余额。以年度汇总计算，负差不可结转至下年度。

金融经纪和其他金融服务：全部手续费（佣金）收入。

初保业务：向被保险人收取的全部保险费。

储金业务：储金平均余额 × 公布的一年期存款月利率。

适用税率：5%。

（2）检查注意事项

1）贷款。

①典当业的抵押贷款业务，无论其资金来源如何，均按自有资金贷款征税。典当业的死当物品销售业务应征收增值税。

②对人民银行的贷款业务不征税（指人民银行对金融机构的贷款业务），但人民银行对企业贷款或委托金融机构贷款的业务应当征收营业税。

③不论金融机构还是其他单位，只要是发生将资金贷与他人使用的行为，均应视为发生贷款行为，按“金融保险业”税目征收营业税。

④农村兴办的农村合作基金会将资金给予他人使用时收取的资金占用费，属于营业税税目注释中“将资金贷与他人使用的业务”，应当就其所收资金占用费或利息收入的全额按照“金融保险业”税目征收营业税。

⑤存款行为，不征收营业税。

⑥金融企业联行、金融企业与人民银行及同业之间的往来，不属营业税征税范围。

2）融资租赁。

①经有权机关批准的从事融资租赁业务的，无论租赁的货物的所有权是否转让给承租方，均按本税目征收营业税而不征收增值税。

②其他单位从事的融资租赁业务，租赁的货物的所有权未转让给承租方的，应按本税目征收营业税而不征收增值税；租赁的货物的所有权转让给承租方的应征收增值税而不征收营业税。

3）金融商品转让。金融商品的买卖仅针对金融机构（包括银行和非银行金融机构）部分征收营业税，非金融机构和个人买卖外汇、有价证券和非货物期货不属于营业税的征税范围。

4）金融经纪。区别金融经纪业与服务业中的“代理业”，对从事金融经纪业所取得的手续费收入按“金融保险业”征收营业税，而不是按“服务业”来计税。

5）其他金融业务。

①银行利用其自身业务专长，为客户提供服务，并收取一定的费用和报酬，如结算手续费、信用担保报酬、代理会计事务、代保管手续费等，

都属于本税目的征税范围。

②存款性质的利息收入或购入金融商品行为，不征收营业税。

6）保险业务。

①境外保险机构以境内物品为标的提供的保险劳务，属于保险业的征税范围，境内保险机构以境外物品为标的提供的保险劳务，不属于保险业务征税范围。

②保险公司取得的“追偿款”收入不属于营业税征收范围。

③对于非金融机构和个人提供上述业务，除贷款业务应按“金融保险业”税目征税外，一律按“服务业”税目征税。

4. 文化体育业

（1）政策规定

文化业包括表演、播映、经营游览场所的业务和各种展览、培训活动，举办文学、艺术、科技讲座、讲演、报告会、图书馆图书资料借阅等；体育业包括举办各种体育比赛和为体育比赛或体育活动提供场所的业务。

适用税率：3%。

计税依据：经营文化业、体育业取得的全部收入。

（2）检查

1）是否将属于计税营业额的收入挂在往来账科目，如：茶艺园保证金、铺位租赁管理费、绿化树木补偿费等不申报纳税。

2）门票收入与赠票是否全额申报纳税。

3）收取合作企业固定利润分成收入有否申报纳税。

4）以租赁方式为外单位提供文化活动、体育比赛场所取得的租赁收入是否按“服务业—租赁业”税目申报纳税。

营业税检查——文化体育业

<table>
<tr><th colspan="5">营业收入的检查</th></tr>
<tr><td>易挂往来的营业额</td><td>茶艺园保证金</td><td>铺位租赁管理费</td><td>绿化树木补偿费</td><td>评价</td></tr>
<tr><td>账记科目</td><td></td><td></td><td></td><td rowspan="2"></td></tr>
<tr><td>应计科目</td><td>营业收入</td><td>营业收入</td><td>营业收入</td></tr>
<tr><td rowspan="4">易漏报税项目</td><td rowspan="2">赠票收入</td><td>发生额</td><td>报税金额</td><td>评价</td></tr>
<tr><td></td><td></td><td></td></tr>
<tr><td rowspan="2">合作分成收入</td><td>发生额</td><td>报税金额</td><td>评价</td></tr>
<tr><td></td><td></td><td></td></tr>
<tr><td rowspan="2">易错报税项目</td><td rowspan="2">租赁收入</td><td>应报税目</td><td>申报税目</td><td>评价</td></tr>
<tr><td>租赁业（动产租赁已改为缴增值税）</td><td>是否体育业</td><td></td></tr>
</table>

5. 娱乐业

（1）政策规定

娱乐业是指为娱乐活动提供场所和服务的业务，包括经营歌厅、舞厅、卡拉 OK 歌舞厅、音乐茶座、台球、高尔夫球场、保龄球场、游艺场等娱乐场所，以及娱乐场所为顾客进行娱乐活动提供服务的业务。

适用税率：5% ~ 20%。

（2）检查

由于现实中只有少部分较大规模的娱乐企业实行建账管理，有齐全的会计资料，而多数从事娱乐业的企业规模较小，一般都没有实行建账管理。税务部门在征收管理上应分别采取“按实征收”和“定额征收”的管理办法。

对实行“建账管理”的纳税人的营业额，检查“营业收入”账户和所属明细账及其“营业日报表”“埋单”“出纳员收款记录”等，看其有无直接冲减收入，有无兼营行为划错税目，有无收入不入账或少入账（如以实际营业额擅自剔除台位费、点歌费及烟、酒、食品、饮料等收费后的余额

计税）等。

对于“定额管理”的纳税人的营业额，由于没有齐全的会计资料，很难进行账务检查。通常，税务机关会实地核查，检查实际收入与核定收入有无太大差异。

6. 转让无形资产

（1）政策规定

转让无形资产是指转让无形资产的所有权和使用权的行为。税法规定对6项无形资产（转让土地使用权、转让商标权、转让专利权、转让非专利技术、转让著作权、转让商誉）转让行为征收营业税。

电影发行单位以出租电影拷贝的形式，将电影拷贝播映权在一定限期内转让给电影放映单位的行为，按“转让无形资产”税目征收营业税。

土地租赁不按转让无形资产税目征税，而属于“服务业—租赁业”征税范围。

以无形资产投资入股，参与接受投资方的利润分配、共同承担投资风险的行为，不征收营业税。在投资后转让其股权的也不征收营业税。

转让在建项目：①转让已完成土地前期开发或正在进行土地前期开发，但尚未进入施工阶段的在建项目，按“转让无形资产”税目中的“转让土地使用权”项目征收营业税。②转让已进入建筑物施工阶段的在建项目，按“销售不动产”税目征收营业税。

适用税率：5%。

计税依据：

1）转让土地使用权，一般以实际实现的营业额作为计税依据。

2）采用预收款方式转让土地使用权的，其纳税义务的发生时间为收到预收款的当天。因此，其收到的预收款（包括预收定金）也是营业税的计税依据。

3）在以地换房的情况下，虽然没有取得收入或增加财产价值，但实质上发生了有偿转让土地使用权的行为，其转让额即为营业税的计税依据。

4）中外合作建房，中方将获得土地与外方合作，办理土地使用权转移后，不论是按建成后的商品房分配原面积，还是按商品房销售后的收入进行分配，均不符合现行政策关于“以无形资产投资入股、参与接受投资方的利润分配、共同承担投资风险的行为，不征营业税”的规定，应按“转让无形资产——转让土地使用权”税目征收营业税。

（2）检查

1）结合“无形资产”账户核算资料，掌握其无形资产的构成及其转让情况。

2）检查“其他业务收入”明细账，核实纳税人无形资产转让收入，并按税法规定，计算确定应交营业税，与“其他业务支出”“应交税金”等明细账及其纳税申报资料核对，检查是否存在应税收入不入账，或入账收入申报不全的问题。

3）检查无形资产转让是否符合税收优惠政策。

7. 销售不动产

（1）政策规定

销售不动产是指有偿转让不动产所有权的行为。征税范围包括：销售建筑物（包括地上和地下建筑物）、构筑物及其他土地附着物。

存在以下几种特殊的情况：

1）以不动产投资、入股、收取固定收入，不承担风险的行为。实质是一定时期转让不动产使用权行为，取得的收入实际上是租金性质的收入，应按“服务业”税目中“租赁”项目征收营业税，而不按销售不动产征收营业税。

2）以不动产作抵押，向银行贷款。抵押期间，不动产仍归借款人使用，如果借款人到期无力归还贷款，则不动产归银行所有。若在贷款期满后，因借款人无力偿还欠款，不动产收归银行所有时，不动产所有权将发生转移，对借款人按“销售不动产”税目征收营业税。

借款人取得贷款后应将不动产交与银行使用，以不动产租金抵充贷款利息，借款人应按“服务业”税目征收营业税，借款人到期无力归还贷款，以不动产抵充欠款，对借款人还应按销售不动产征税。

3）合并、兼并企业行为导致转移不动产。合并、兼并并没有买方和卖方，也没有发生有偿转让不动产所有权行为，因此，合并、兼并企业行为不属于销售不动产的征税范围。

4）拍卖企业的拍卖行为。拍卖企业是企业的所有权整体转让，拍卖价值不只是不动产，对拍卖企业不征营业税。

5）一方出地，一方出资合作建房。如果以各自拥有的土地使用权和房屋所有权相互交换，双方均应交营业税，一方按“转让无形资产——转让土地使用权”税目征收营业税，另一方按“销售不动产”税目征收营业税。

如果一方以土地使用权，另一方以货币资金合股，成立合营企业，合作建房，合营企业销售房产时要按销售不动产交营业税，对合营企业分配给双方的房屋不征营业税。

适用税率：5%。

（2）检查（非房地产行业）

由于非房地产开发企业的房屋、建筑物等不动产是作为企业的固定资产进行管理的，所以在企业将作为固定资产管理的房地产对外销售时，应通过“固定资产清理”进行核算，应交营业税与销售额匹配。

无形资产名称	转让金额	应纳税额	申报纳税收入	纳税金额	评价
固定资产名称	转让金额	应纳税额	申报纳税收入	纳税金额	评价

<table>
<tr><td colspan="6">特殊情况处理</td></tr>
<tr><td rowspan="2">预收款方式转让土地</td><td colspan="2">预收款是否纳税</td><td colspan="3">评价</td></tr>
<tr><td colspan="2"></td><td colspan="3"></td></tr>
<tr><td rowspan="2">以地换房</td><td colspan="2">土地转让是否纳税</td><td colspan="3">评价</td></tr>
<tr><td colspan="2"></td><td colspan="3"></td></tr>
<tr><td rowspan="2">合作建房后分配</td><td colspan="2">分配时是否纳税</td><td colspan="3">评价</td></tr>
<tr><td colspan="2"></td><td colspan="3"></td></tr>
<tr><td rowspan="2">投资入股</td><td>共担风险</td><td>不纳营业税</td><td colspan="3">评价</td></tr>
<tr><td>收取固定收益</td><td>按租赁纳税</td><td colspan="3"></td></tr>
<tr><td rowspan="3">不动产抵押</td><td rowspan="2">抵押期间</td><td>借款人使用不动产</td><td colspan="2">不纳营业税</td><td>评价企业情况</td></tr>
<tr><td>银行使用不动产</td><td>租金抵冲贷款息</td><td>按服务业交税</td><td rowspan="2"></td></tr>
<tr><td>抵押结束</td><td>无力归还贷款不动产给银行</td><td>不动产抵欠款</td><td>按销售不动产交税</td></tr>
<tr><td rowspan="2">一方出地、一方出资合作建房</td><td>以各自拥有相互交换</td><td>双方交税</td><td>一方按转让无形资产</td><td>一方按转让不动产</td><td>评价企业情况</td></tr>
<tr><td>合股成立合营企业合作建房</td><td>销售按不动产交税</td><td>分配房屋不纳营业税</td><td></td><td></td></tr>
</table>

8. 部分服务业

服务业包含的行业较多，没有适用各行业统一的财务会计管理办法，检查时要根据具体行业具体分析。

（1）饮食业

实行餐后结账的，查看服务员填开的菜单、登记卡和发票，以及收款员报送的营业日报表、交款单，并进行核对。

对实行售票就餐的企业（如招待所内采用售票就餐的食堂），检查印制餐票的数量、种类、餐票的发售和收回。通过检查，看营业收入是否准确，有无少计或不记账的情况。

对有的未建账、不记账的饮食企业，通过检查其支出流水账，将耗用的原材料换算成产品的销售量，并据此推算出营业额，与申报营业额相比较。

（2）旅店业

检查住宿登记本（或登记单）和旅店业专用发票，看其已开具的发票与登记本（或登记单）登记的是否相吻合；已开具的发票是否已全额入账，收到的款项是否有不入账或少入账的情况。

（3）旅游业

检查自印收款凭证的领、用、存情况和旅客报名表等，看收入是否已全部入账，有无在收费以外另收餐费、保险费、签证费等费用不入账或少入账而不按规定计税的情况；检查减除项目时，注意业主为旅游者支付给其他单位的住宿费、餐饮费、交通费和其他代付费用有无取得合法凭证。

（4）不动产租赁

动产的租赁已改为缴纳增值税，不动产的租赁仍然要交营业税。检查时，主要看不动产是否租赁给他人使用，取得货币或非货币收入。

营业税检查——不动产租赁业

不动产原值					
月份	租金收入	应缴营业税	应缴城建税 / 附加	合计	实缴
1					
2					
3					
4					
5					
6					
7					
8					
9					
10					
11					
12					
合计					
评价					

三、营业税税收优惠政策运用的检查

根据《营业税暂行条例》规定，下列项目免征营业税: ①托儿所、幼儿园、养老院、残疾人福利机构提供的育养服务，婚姻介绍，殡葬服务；②残疾人员个人为社会提供的劳务；③医院、诊所和其他医疗机构提供的医疗服务；④学校和其他教育机构提供的教育劳务，学生勤工俭学提供的劳务；⑤农业机耕、排灌、病虫害防治、植保、农牧保险以及相关技术培训业务，家禽、牲畜、水生动物的配种和疾病防治；⑥纪念馆、博物馆、文化馆、美术馆、展览馆、书画院、图书院、文物保护单位举办文化活动的门票收入，宗教场所举办文化、宗教活动的门票收入。此外，还有部分营业税的减税、

免税项目由国务院规定。对于不同的行业，国家还规定了有关行业的税收政策。检查时需要检查人员依靠职业敏感。

营业税健康检查案例：一不小心差点多缴税

案情简介：

某机械设备制造公司年销售收入超过5亿元，一般纳税人。

2011年3月购买了一批价值2000多万元的设备，财务上作为固定资产，企业根据财务制度按直线法10年计算折旧，并抵扣了300余万元的增值税进项税。预计当年7月将其中的5台设备出租给合作的代工厂，约定租赁期为2年，每个月收取租金5万元。这5台设备原值为300万元，已抵扣进项税51万元。预计2013年6月，租赁合同到期后，收回这些设备，继续用作生产加工。

请税务健康检查人员分析税务风险。

检查分析：

该企业在非营改增试点地区，7月设备出租后，8月应单独申报5万元的设备租赁费，此时需要缴纳的营业税（不考虑附加税）为50000×5%=2500元。由于固定资产用于非增值税应税劳务，应将之前已抵扣进项税额作进项转出。经查，2011年7月，这批设备的净值为275万元，按当月固定资产净值×适用税率计算，已经抵扣的51万元进项税中46.75万元的进项税金不能抵扣，要做进项转出。

2013年6月合同到期收回设备时，其用途又变成了增值税的应税劳务，可以抵扣进项税。但由于我国《增值税管理暂行条例》的规定，增值税进项税管理强调凭票抵扣。虽然该公司将设备收回用于生产属于增值税劳务范围，但由于当期没有符合规定的增值税扣税凭证也不能扣除。同时，在税法没有明文规定可以补提扣除的情况下，进项税也不能补提扣除。

这样一来，这5台设备两年的租金是120万元，缴纳营业税6万元，扣除折旧60万元后还有54万元，还要缴纳企业所得税约13.5万元，加上转出进项税46.75万元，要多缴税款60.25万元。

所以，由于进项税转出后不能重新补计扣除，短期出租后再转为自用明显不如出租至设备使用寿命到期来得划算，所以要么不出租，一旦改变用途就要尽量延长出租期。

听了健康小组的分析，公司决定重新规划。

第四节　关税

关税法是指国家制定的调整关税征收与缴纳权利义务关系的法律规范。现行关税法律规范以全国人民代表大会于2000年7月修正颁布的《中华人民共和国海关法》（以下简称《海关法》）为法律依据，以国务院于2003年11月发布的《中华人民共和国进出口关税条例》（以下简称《进出口条例》），以及由国务院关税税则委员会审定并报国务院批准，作为条例组成部分的《中华人民共和国海关进出口税则》和《中华人民共和国海关入境旅客行李物品和个人邮递物品征收进口税办法》为基本法规，由负责关税政策制定和征收管理的主管部门依据基本法规拟定的管理办法和实施细则为主要内容。

一、关税的种类

依据不同的分类标准和依据，关税可以划分为不同的种类：

（1）按征收对象分，有进口税、出口税和过境税。

（2）按征收目的划分，有财政关税和保护关税。

（3）按计征方式划分，有从量关税、从价关税、混合关税、选择性关税和滑动关税。

（4）按税率制定划分，有自主关税和协定关税。

（5）按差别待遇和特定的实施情况划分，有进口附加税、差价税、特惠税和普遍优惠制。

二、关税的征税对象和纳税义务人

关税的征税对象是准许进出境的货物和物品。货物是指贸易性商品；物品指入境旅客随身携带的行李物品、个人邮递物品、各种运输工具上的服务人员携带进口的自用物品、馈赠物品以及以其他方式进境的个人物品。

关税的纳税义务人是进口货物的收货人、出口货物的发货人、进出境物品的所有人。其中，进出境物品的所有人包括该物品的所有人和推定为所有人的人。

三、关税税率

我国进口税则设有最惠国税率、协定税率、特惠税率、普通税率、关税配额税率等税率。对进口货物在一定期限内可以实行暂定税率。进口关税税率有从价税、从量税、复合税、滑准税几种。

国家仅对少数资源性产品及易于竞相杀价、盲目进口、需要规范出口秩序的半制成品征收出口关税。现行税则对100余种商品计征出口关税，主要是鳗鱼苗、部分有色金属矿砂及其精矿、生锑、磷、氟钽酸钾、苯、山羊板皮、部分铁合金、钢铁废碎料、铜和铝原料及其制品、镍锭、锌锭、锑锭等。但对上述范围内的部分商品实行0% ~ 25%的暂定税率，此外，根据需要对其他200多种商品征收暂定税率。

四、关税完税价格

《海关法》规定，进出口货物的完税价格由海关以该货物的成交价格为基础审查确定。成交价格不能确定时，完税价格由海关依法估定。针对进口货物的价格不符合成交价格条件或者成交价格不能确定的，海关应当依次以相同货物成交价格方法、类似货物成交价格方法、倒扣价格方法、计符价格方法及其他合理方法确定的价格为基础，估定完税价格。

出口货物的完税价格，由海关以该货物向境外销售的成交价格为基础审查确定，并应包括货物运至我国境内输出地点装载前的运输及其相关费用、保险费，但其中包含的出口关税税额应当扣除。出口货物的成交价格，是指该货物出口销售到我国境外时买方向卖方实付或应付的价格。出口货物的成交价格中含有支付给境外的佣金的，如果单独列明，应当扣除。

五、关税的减免及征收管理

关税减免分为法定减免税、特定减免税和临时减免税。根据《海关法》规定，除法定减免税外的其他减免税均由国务院决定。

进口货物自运输工具申报进境之日起14日内，出口货物在货物运抵海关监管区后装货的24小时以前，应由进出口货物的纳税义务人向货物进（出）境地海关申报，海关根据税则归类和完税价格计算应缴纳的关税和进口环节代征税，并填发税款缴款书。纳税义务人应当向海关填发税款缴款书之日起15日内，向指定银行缴纳税款。如关税缴纳期限的最后一日是周末或法定节假日，则关税缴纳期限顺延至周末或法定节假日过后的第1个工作日。关税纳税义务人因不可抗力或者在国家税收政策调整的情

形下，不能按期缴纳税款的，经海关总署批准，可以延期缴纳税款，但最长不得超过6个月。

纳税义务人未在关税缴纳期限内缴纳税款的，即构成关税滞纳。从关税缴纳期限届满滞纳之日起，至纳税义务人缴纳关税之日止，按滞纳税款万分之五的比例按日征收，周末或法定节假日不予扣除。具体计算公式为：

关税滞纳金金额＝滞纳关税税额 × 滞纳金征收比率 × 滞纳天数

如纳税义务人自海关填发缴款书之日起3个月仍未缴纳税款，经海关关长批准，海关可以采取强制扣缴、变价抵缴等强制措施。

根据《海关法》规定，海关多征的税款，发现后应当立即退还。符合退税条件的，进出口货物的纳税义务人可以自缴纳税款之日起一年内，书面声明理由，连同原纳税收据向海关申请退税并加算银行同期活期存款利息，逾期不予受理。进出境货物和物品放行后，海关发现少征或者漏征税款，应当自缴纳税款或者货物、物品放行之日起一年内，向纳税义务人补征；因纳税义务人违反规定而造成的少征或者漏征的税款，自纳税义务人应缴纳税款之日起3年以内可以追征，并从缴纳税款之日起按日加收少征或者漏征税款万分之五的滞纳金。

关税主要由海关把关，税务健康检查中一般不涉及。

第六章 所得税类

第一节 企业所得税检查

一、企业所得税简介

（一）概述

企业所得税是指对中华人民共和国境内的企业（居民企业及非居民企业）和其他取得收入的组织以其生产经营所得为课税对象所征收的一种所得税。作为企业所得税纳税人，应依照《中华人民共和国企业所得税法》缴纳企业所得税，但个人独资企业及合伙企业除外。

企业所得税作为除增值税外的第二大税种，税收收入在国家税收收入总额中占的比例越来越大。但是部分纳税人由于对税收信息了解不够，对税收优惠政策尤其是新出台的税收优惠政策不了解，对一些税法公式理解不透，不清楚税法与会计的差异等原因，导致蒙受不必要的经济损失。为此，现就日常税收业务中的涉税风险进行归集整理，希望借此令广大纳税人熟悉税法，熟悉企业所得税，为财务人员依法缴税提供帮助。

（二）所得税税率

企业所得税税率是体现国家与企业分配关系的核心要素。税率的设计

原则，兼顾了国家与企业、职工个人三者的利益；我国企业所得税实行的是比例税率，具有简便易行、透明度高、不会因征税而改变企业间收入分配比例、促进效率提高等优点；有基本税率和低税率之分。

2008 年，《中华人民共和国企业所得税法》及《中华人民共和国企业所得税法实施条例》开始实行，并对原来的企业所得税税率优惠政策进行了调整。

1. 基本税率

基本税率为 25%，适用于居民企业和在中国境内设有机构、场所且所得与机构、场所有关联的非居民企业。

2. 低税率

低税率为 20%，适用于在中国境内未设立机构、场所的，或者虽设立机构、场所，但所得与基所设机构、场所没有实际联系的非居民企业，但实际征税时适用 10% 的税率。

<table>
<tr><th>税率</th><th>适用范围</th></tr>
<tr><td rowspan="2">25%</td><td>居民企业</td></tr>
<tr><td>在中国境内设立机构、场所且所得与机构、场所有关联的非居民企业</td></tr>
<tr><td rowspan="2">20%（实际 10%）</td><td>在中国境内未设立机构、场所，但有来源于境内所得的非居民企业</td></tr>
<tr><td>虽设立机构、场所，但取得的境内所得与其所设机构、场所没有实际联系的非居民企业</td></tr>
<tr><td>20%</td><td>小型微利企业</td></tr>
<tr><td>15%</td><td>国家重点扶持的高新技术企业</td></tr>
</table>

（三）纳税义务人

《企业所得税法》第一条规定：在中华人民共和国境内，企业和其他取得收入的组织（以下统称企业）为企业所得税的纳税人，依照本法的规定缴纳企业所得税。个人独资企业、合伙企业不适用本法。

《企业所得税法》第二条规定：企业分为居民企业和非居民企业。

本法所称居民企业，是指依法在中国境内成立，或者依照外国（地区）法律成立但实际管理机构在中国境内的企业。

本法所称非居民企业，是指依照外国（地区）法律成立且实际管理机构不在中国境内，但在中国境内设立机构、场所的，或者在中国境内未设立机构、场所，但有来源于中国境内所得的企业。

（四）征税对象

1. 居民企业的征税对象

来源于中国境内、境外的所得作为征税对象。

2. 非居民企业的征税对象

（1）在中国境内设立机构、场所的，应当就其所设机构、场所取得的来源于中国境内的所得，以及发生在中国境外但与其所设机构、场所有实际联系的所得缴纳企业所得税。

（2）在中国境内未设立机构、场所的，或者虽设立机构、场所，但取得的所得与其所设机构、场所没有实际联系的，应当就其来源于中国境内的所得缴纳企业所得税。

	所得来源地	所得
居民企业	中国境内所得 中国境外所得	销售货物、提供劳务、转让财产、股息红利、利息、租金、特许权使用费、接受捐赠、其他
非居民企业	（1）设立机构、场所：中国境内所得；中国境外所得，但与机构、场所有实际联系的所得 （2）设立机构、场所：中国境内所得，但与机构、场所没有实际联系的所得 （3）未设立机构、场所：中国境内所得	
所得来源地的确定	销售货物所得	按照交易活动发生地确定
	提供劳务所得	按照劳务发生地确定

续　表

所得来源地	所得
转让财产所得	（1）不动产转让所得按照不动产所在地确定 （2）动产转让所得按照转让动产的企业或者机构、场所所在地确定 （3）权益性投资资产转让所得按照被投资企业所在地确定
股息、红利等权益性投资所得	按照分配所得的企业所在地确定
利息所得、租金所得、特许权使用费所得	按照负担、支付所得的企业或者机构、场所所在地确定，或者按照负担、支付所得的个人住所地确定
其他所得	由国务院财政、税务主管部门确定

确定所得来源的目的，就是判断在我国境内未设立机构场所的非居民企业取得的所得是否来源于我国境内，以及设立机构场所的非居民企业取得的与机构场所没有实际联系的所得是否来源于我国境内。如果上述两类所得来源于我国境内，那么就要在我国缴纳企业所得税；如果来源于我国境外，就不需要在我国缴纳企业所得税。

（五）缴纳方式

企业所得税缴纳方式采用的是按年计算，分月或分季预缴，年度汇算清缴；“纳税年度”自公历 1 月 1 日起至 12 月 31 日止。

二、企业所得税申报表的检查

申报表是根据当前的经济业务和实际情况设计的，当旧版本的申报表无法适应新的税收要求及申报情况时，国家税务总局会对其进行改进。检查时应看企业是否按税务机关要求及时采用新申报表申报纳税。

（一）会计报表的检查

会计报表的检查是所得税检查的重要环节。税务检查先从分析财务报表开始，总括地掌握企业资产和负债、收入和支出的变化，以及利润的实现有无异常，从中发现各个项目金额结构存在的问题，主要运用比较分析法有针对性地进行检查。

比较分析法是通过对照上期或同期资产负债表的相同项目，观察数字有无突变性的变化，从反常状态中发现问题。

1. 往来项目

企业在经营过程中发生的结算往来，都应及时清算，把应收应付项目压缩到最低限度。如果应收或应付项目长期保留很大的数额，应引起足够的重视。

2. 存货项目

存货中的原材料期末余额的大小直接影响在产品成本的多少，在产品余额的大小直接影响完工产品成本的多少，产成品余额的大小直接影响销售成本，从而影响企业利润及所得税计算依据。如果本期存货期末数字与上期数字相比突增突减或本期出现空白，则应查看盘点表和实务账与报表金额是否相符，是否存在盘存表和实物账大于本期报表数字，此时可能被质疑少计利润。对于材料的检查，主要是对一些不正常现象进行检查，如：材料领用有数量没有单价，材料领用有数量但金额为红字。

3. 利润表项目

先复核利润总额的计算是否正确，然后核对营业收入与申报表是否基本一致。主要检查有无将不应在税金及附加科目核算的税费，如增值税计入税金及附加，从而减少利润总额。检查营业外收支项目分别是什么，是否需要作纳税调整。

纵向对比“四额”和“三率”。“四额”是指销售收入额、成本额、费用额和利润额，“三率”是指毛利率、费用率和利润率，其以收入额为分母，其余三额为分子计算得出。“三率”的不正常升降，与“四额”是

哪些项目升降相关。在生产经营正常的情况下，如果毛利率变化不大，但利润率却在下降，则费用存在问题；如果费用率也无变化，则应检查营业外收支。

（二）申报表的检查

新所得税申报表在会计核算的基础上采用收支法确定应纳税所得额，项目的编排及填报金额体现了现行所得税政策的要求，检查时可以依次进行。

企业所得税季度预缴申报表及年度所得税申报表主表格式如下所示。

中华人民共和国企业所得税月（季）度预缴纳税申报表（A类）

税款所属期间：　　年　月　日至　　年　月　日

纳税人识别号：

纳税人名称：

金额单位：人民币元（列至角分）

行次	项目	本期金额	累计金额
1	一、按照实际利润额预缴		
2	营业收入		
3	营业成本		
4	利润总额		
5	加：特定业务计算的应纳税所得额		
6	减：不征税收入		
7	免税收入		
8	弥补以前年度亏损		
9	实际利润额（4行+5行-6行-7行-8行）		
10	税率（25%）		
11	应纳所得税额		
12	减：减免所得税额		
13	减：实际已预缴所得税额	—	
14	减：特定业务预缴（征）所得税额		
15	应补（退）所得税额（11行-12行-13行-14行）	—	

续 表

行次	项目		本期金额	累计金额
16	减：以前年度多缴在本期抵缴所得税额			
17	本期实际应补（退）所得税额		—	
18	二、按照上一纳税年度应纳税所得额平均额预缴			
19	上一纳税年度应纳税所得额		—	
20	本月（季）应纳税所得额（19行 ×1/4或1/12）			
21	税率（25%）			
22	本月（季）应纳所得税额（20行 ×21行）			
23	三、按照税务机关确定的其他方法预缴			
24	本月（季）确定预缴的所得税额			
25	总分机构纳税人			
26	总机构	总机构应分摊所得税额（15行或22行或24行 × 总机构应分摊预缴比例）		
27		财政集中分配所得税额		
28		分支机构应分摊所得税额（15行或22行或24行 × 分支机构应分摊比例）		
29		其中：总机构独立生产经营部门应分摊所得税额		
30		总机构已撤销分支机构应分摊所得税额		
31	分支机构	分配比例		
32		分配所得税额		

谨声明：此纳税申报表是根据《中华人民共和国企业所得税法》《中华人民共和国企业所得税法实施条例》和国家有关税收规定填报的，是真实的、可靠的、完整的。

法定代表人（签字）： 年 月 日

纳税人公章： 会计主管： 填表日期： 年 月 日	代理申报中介机构公章： 经办人： 经办人执业证件号码： 代理申报日期： 年 月 日	主管税务机关受理专用章： 受理人： 受理日期： 年 月 日

国家税务总局监制

中华人民共和国企业所得税月（季）度和年度纳税申报表（B 类）

税款所属期间：　″年　月　日至　　年　月　日

纳税人识别号：□□□□□□□□□□□□□□□

纳税人名称：　　　　　　　　　　　　　　　　　　金额单位：人民币元（列至角分）

项目			行次	累计金额
一、以下由按应税所得率计算应纳所得税额的企业填报				
应纳税所得额的计算	按收入总额核定应纳税所得额	收入总额	1	
		减：不征税收入	2	
		免税收入	3	
		应税收入额（1–2–3）	4	
		税务机关核定的应税所得率（%）	5	
		应纳税所得额（4×5）	6	
	按成本费用核定应纳税所得额	成本费用总额	7	
		税务机关核定的应税所得率（%）	8	
		应纳税所得额[7÷(1－8)×8]	9	
应纳所得税额的计算	税率（25%）		10	
	应纳所得税额（6×10 或 9×10）		11	
应补（退）所得税额的计算	已预缴所得税额		12	
	应补（退）所得税额（11 － 12）		13	
二、以下由税务机关核定应纳所得税额的企业填报				
税务机关核定应纳所得税额			14	

谨声明：此纳税申报表是根据《中华人民共和国企业所得税法》《中华人民共和国企业所得税法实施条例》和国家有关税收规定填报的，是真实的、可靠的、完整的。

法定代表人（签字）：　　年　月　日

纳税人公章： 会计主管： 填表日期：　年　月　日	代理申报中介机构公章： 经办人： 经办人执业证件号码： 代理申报日期：　年　月　日	主管税务机关受理专用章： 受理人： 受理日期：　年　月　日

国家税务总局监制

企业所得税年度纳税申报表

税款所属期间：　　年　月　日至　　年　月　日

纳税人识别号：

纳税人名称：　　　　　　　　　　　　　　　　　　　　金额单位：人民币元（列至角分）

	行次	项目	金额
收入总额	1	销售（营业）收入（请填附表一）	
	2	投资收益（请填附表三）	
	3	投资转让净收入（请填附表三）	
	4	补贴收入	
	5	其他收入（请填附表一）	
	6	收入总额合计（1+2+3+4+5）	
扣除项目	7	销售（营业）成本（请填附表二）	
	8	主营业务税金及附加	
	9	期间费用（请填附表二）	
	10	投资转让成本（请填附表三）	
	11	其他扣除项目（请填附表二）	
	12	扣除项目合计（7+8+9+10+11）	
应纳税所得额的计算	13	纳税调整前所得（6–12）	
	14	加：纳税调整增加额（请填附表四）	
	15	减：纳税调整减少额（请填附表五）	
	16	纳税调整后所得（13+14–15）	
	17	减：弥补以前年度亏损（填附表六）（17 ≤ 16）	
	18	减：免税所得（请填附表七）（18 ≤ 16–17）	
	19	加：应补税投资收益已缴所得税额	
	20	减：允许扣除的公益救济性捐赠额（请填附表八）	
	21	减：加计扣除额（21 ≤ 16–17–18+19–20）	
	22	应纳税所得额（16–17–18+19–20–21）	

续 表

	行次	项目	金额
应纳所得税额的计算	23	适用税率	
	24	境内所得应纳所得税额（22×23）	
	25	减：境内投资所得抵免税额	
	26	加：境外所得应纳所得税额（请填附表十）	
	27	减：境外所得抵免税额（请填附表十）	
	28	境内、外所得应纳所得税额（24-25+26-27）	
	29	减：减免所得税额（请填附表七）	
	30	实际应纳所得税额（28-29）	
	31	汇总纳税成员企业就地预缴比例	
	32	汇总纳税成员企业就地应预缴的所得税额（30×31）	
	33	减：本期累计实际已预缴的所得税额	
	34	本期应补（退）的所得税额	
	35	附：上年应缴未缴本年入库所得税额	

纳税人声明：此纳税申报表是根据《中华人民共和国企业所得税暂行条例》及其实施细则和国家有关税收规定填报的，是真实的、完整的。

法定代表人（签字）：　　年　月　日

纳税人公章： 经办人： 申报日期：　年　月　日	代理申报中介机构公章： 经办人执业证件号码： 代理申报日期：　年　月　日	主管税务机关受理专用章： 受理人： 受理日期：　年　月　日

国家税务总局监制

中华人民共和国企业所得税汇总纳税分支机构所得税分配表

税款所属期间： 年 月 日至 年 月 日

总机构名称： 金额单位：人民币元（列至角分）

纳税人识别号	交纳所得税额	总机构分摊所得税额	总机构财政集中分配所得税额	分支机构分摊所得税额

	纳税人识别号	分支机构名称	三项因素			分配比例	分配税额
			收入额	工资额	资产额		
分支机构情况							
	合计	—					

纳税人公章： 会计主管： 填表日期： 年 月 日	主管税务机关受理专用章： 受理人： 受理日期： 年 月 日

国家税务总局监制

分配表填报重要说明：

1. 适用对象

本表适用于在中国境内跨省、自治区、直辖市设立不具有法人资格的营业机构，并实行“统一计算、分级管理、就地预缴、汇总清算、财政调节”，汇总纳税办法的居民企业填报。

2. 报送要求

季度终了之日起十日内，由实行汇总纳税的总机构随同《中华人民共和国企业所得税月（季）度纳税申报表（A类）》报送；

年度终了之日起五个月内，由实行汇总纳税的总机构随同《中华人民共和国企业所得税年度纳税申报表（A类）》报送。

从申报表可知，企业所得税税额是根据应纳税所得额和税率两项确定的。检查确定应纳税所得额、税率的正确是保证企业所得税税额计算准确的先决条件。

1. 应纳税所得额的检查

采用分月或分季预缴时，应纳税所得额为实际利润额。注意：①实际利润额不包括免税收入和不征税收入；②不考虑除免税收入和不征税收入以外的纳税调整；③允许弥补以前年度的亏损，但出发点是亏损的弥补无须税务机关审核和批准，允许企业自行弥补的部分；④必须按照会计制度或会计准则的要求计算，出发点是不允许主观利用会计差错或滥用减值准备人为地调节会计利润。实际利润额计算公式如下：

实际利润额 = 账面利润总额 + 特定业务计算的应纳税所得额 – 不征税收入 – 免税收入 – 弥补以前年度亏损

检查月报或季报企业所得税时，应先核对《企业所得税月（季）度纳税申报表》上各项目与相应月（季）财务报表上的数据是否一致，若不一致，检查是否存在企业所得税视同销售的情况，并根据企业提供的资料核算出企业所得税视同销售时，其销售（营业）收入数额。

企业在月报或季报时，可能会存在减免所得税额及抵免税额、境外抵免税额，在进行健康检查时，先应检查企业是否满足减免、抵免税额的条件，减免、抵扣的金额是否核算准确。

当在年度企业所得税汇算清缴时，企业所得税应纳税所得额与按月（季）的实际利润额计算方式有差异，具体见“企业所得税汇算清缴章节”。

2. 税率的检查

企业所得税基本税率为25%，企业普遍按此税率缴纳企业所得税，企业所得税过渡优惠政策到2012年年底已经结束。

三、收入的检查

应税收入包括：销售货物收入、提供劳务收入、转让财产收入、股息、红利等权益性投资收益、利息收入、租金收入、特许权使用费收入及其他收入。需运用收入的确认原则和方法进行检查。

企业缴纳企业所得税确认的收入，包括会计上的主营业务收入和其他业务收入及营业外收入，同时包括会计上不作为销售核算，而在税收上作为销售、确认收入计缴税金的销售货物、转让财产或提供劳务行为的视同销售收入。

在检查销售（营业）收入时，按以下步骤进行：

（1）检查出库单是否与销售收入相配比。尤其注意库管员、验收员、会计、统计等的签字，如有涂改变动或笔体异常，出库单号码连续，应作进一步追查。很多企业为了减少知情范围，可能由专人作弊。

（2）检查边角料的账务处理，如边角料、煤灰渣、包装物等的处理收入是否入账。是否截留了其他业务收入。

（3）检查货物的销售价格是否忽高忽低，尤其是低于成本的销售，应重点注意，一般都有问题。

（4）检查所有存货，包括成品与材料，是否账实相符。短少的物资，一般都有销售未入账的可能。

（5）检查产品的出品率变化，检查废品的生产、验收、销毁记录，检查产品数量与生产工人计件工资的关系，是否配比合理。很多企业将产品直接从生产线上取走销售或赠送，而截留收入。

（6）重点检查往来账，对外往来超过半年的要与对方单位核实，尤其要注意贷方往来，同时注意费用中显示的对方单位，是否有对外往来大额借款，是否收取利息，利息是否合理，是否入账。

（7）检查会计期末是否进行了资产清查，盘盈物资是否计入了收入，盘亏物资是否正常管理盘亏，是否存在盘亏与盘盈互相抵消的问题，物资盘存表上是否有相关人员签字，原始盘点表与物资盘存表是否相符等。

（8）检查对外进行来料加工节省下来的材料或边角料是否计入了收入。

（9）检查减免的流转税是否计入了应纳税所得额。

（10）检查企业接受的捐赠是否已作为收入纳税。

（11）检查企业研发新产品产生的产品和废品是否有记录以及产品和废品的去向，是否按质作价，收入是否纳税。

（一）销售（营业）收入的检查

1. 检查主营业务收入、其他业务收入明细账及纳税资料，确认应税收入的真实性和及时性

（1）核对已开具的销售发票、增值税申报情况、销售合同及预收货款信息，对已取得收入但长期账往来科目，或按合同及协议应收的收入，应调增应纳税所得额。

（2）根据企业生产经营状况及营销方式，检查不同时期收入异常变动，查明原因，将未足额结转的销售收入调增应纳税所得额。

（3）检查同期销售货物单位价格，看有无明显偏低而无正当理由的计价方式是否正确。

（4）检查收入明细账红字冲销数，从摘要栏所写销售退回、折让、折扣等核实原始凭证，看销售收入入账是否符合规定。

2. 检查视同销售收入

条例规定，企业发生非货币性资产交换，以及将货物、财产、劳务用于捐赠、偿债、赞助、集资、广告、样品、职工福利或者利润分配等用途的，应当视同销售货物、转让财产或者提供劳务，但国务院财政、税务主管部

门另有规定的除外。

另外，根据《国家税务总局关于企业处置资产所得税处理问题的通知》（国税函［2008］828号）的规定，企业用于市场推广或销售；用于交际应酬；用于职工奖励或福利；用于股息分配；用于对外捐赠及其他改变资产所有权属的用途，因资产所有权属已发生改变而不属于内部处置资产，应按规定视同销售确定收入。在上述情形下，属于企业自制的资产，应按企业同类资产同期对外销售价格确定销售收入；属于外购的资产，可按公允价值确定销售收入。

所以，是否为视同销售，主要看资产所有权是否转移。检查时按以下步骤进行：

1. 检查库存商品明细账及对应账户

（1）如果对应账户为现金或银行存款，属于销售货物后直接冲减了存货，应详细检查凭证，调增应纳税所得额。

（2）检查库存商品明细贷方发生额，如果所述摘要非结转成本，应检查原始凭证，查看对应科目。如果对应账户不是主营业务成本、发出商品等账户，而是原材料、应付股利、往来账户或货币资金账户，表明是产品兑换材料、产品分配利润、产品偿还借款或将收入挂往来账而冲减库存商品，需进一步检查原始凭证，以确定是否调整应纳税所得额。

（3）如果对应科目是主营业务成本，应检查所附凭证的销售汇总表或其他统计数量的原始凭证，抽查出库单，核实领用部门，查看是否将非销售产品结转成本。

2. 检查发出商品明细账

同时检查发出商品的借贷方发生额和收入明细账，核实在结转成本的同时，是否及时、足额登记了销售。

3. 检查原材料明细账

如果原材料贷方对应的科目不是成本费用，而是货币资金或往来账户，可能是销售材料未计销售额及增值税，需进一步检查凭证。

4. 其他

对于现金交易较多的企业，应采用以进核销、以产核销的办法发现和核实有无问题。

值得注意的是，对于营业（销售）收入的检查，所得税和增值税应税收入是相通的，在视同销售方面，二者主要的差别在于在视同销售范围内资产内部处置不同。属于内部处置的增值税视同销售一般不属于所得税视同销售行为，例如，在建工程领料、总分支机构内部货物转移等。二者确认原则和范围如下表所示。

增值税和所得税视同销售比较

<table>
<tr><th>项目</th><th>企业所得税</th><th>增值税</th></tr>
<tr><td rowspan="3">视同销售确认原则</td><td>1. 海关原则：资产转移至境外应视同销售</td><td rowspan="2">1. 改变生产目的的原则：货物用于非增值税应税项目、个人消费、集体福利、投资、分红、赠送等应视同销售</td></tr>
<tr><td>2. 产权原则：资产所有权改变应视同销售</td></tr>
<tr><td>3. 法人原则：资产在不同法人企业间进行转移应视同销售</td><td>2. 会计主体原则：货物由一个会计主体转移到另一个会计主体应视同销售</td></tr>
</table>

续 表

<table>
<tr><th>项目</th><th>企业所得税</th><th>增值税</th></tr>
<tr><td rowspan="15">视同销售范围的规定</td><td>1. 企业发生非货币性资产交换，以及将货物、财产、劳务用于捐赠、偿债、赞助、集资、广告、样品、职工福利或者利润分配等用途的，应当视同销售货物、转让财产或者提供劳务，但国务院财政、税务主管部门另有规定的除外</td><td>增值税 8 种视同销售行为</td></tr>
<tr><td>2. 企业发生下列情形的处置资产，除将资产转移至境外以外，由于资产所有权属在形式和实质上均不发生改变，可作为内部处置资产，不视同销售确认收入，相关资产的计税基础延续计算</td><td rowspan="14">① 将货物交付他人代销
② 销售代销货物
③ 设有两个以上机构并实行统一核算的纳税人，将货物从一个机构移送至其他机构用于销售，但相关机构设在同一县（市）的除外
④ 将自产、委托加工的货物用于非应税项目
⑤ 将自产、委托加工或购买的货物作为投资，提供给其他单位或个体经营者
⑥ 将自产、委托加工或购买的货物用于分配给股东或投资者
⑦ 将自产、委托加工的货物用于集体福利或个人消费
⑧ 将自产、委托加工或购买的货物无偿赠送他人</td></tr>
<tr><td>（一）将资产用于生产、制造、加工另一产品</td></tr>
<tr><td>（二）改变资产形状、结构或性能</td></tr>
<tr><td>（三）改变资产用途（如，自建商品房转为自用或经营）</td></tr>
<tr><td>（四）将资产在总机构及其分支机构之间转移</td></tr>
<tr><td>（五）上述两种或两种以上情形的混合</td></tr>
<tr><td>（六）其他不改变资产所有权属的用途</td></tr>
<tr><td>3. 企业将资产移送他人的下列情形，因资产所有权属已发生改变而不属于内部处置资产，应按规定视同销售确定收入</td></tr>
<tr><td>（一）用于市场推广或销售</td></tr>
<tr><td>（二）用于交际应酬</td></tr>
<tr><td>（三）用于职工奖励或福利</td></tr>
<tr><td>（四）用于股息分配</td></tr>
<tr><td>（五）用于对外捐赠</td></tr>
<tr><td>（六）其他改变资产所有权属的用途</td></tr>
</table>

（二）劳务收入的检查

劳务收入的确认要区分劳务交易结果能否可靠地计量。在劳务交易结果可以可靠计量的情况下，一般采用完工百分比法确认收入，在劳务交易

结果不能可靠计量的情况下，要区分企业预计的劳务成本能否得到补偿，如果已经发生的劳务成本预计可以得到补偿，则按照已经收取的或者预计能够收回的金额确认劳务收入，如果预计发生的劳务成本不能收回，则将当期发生的劳务成本计入损益，不能确认劳务收入。

例 6-1： 2011 年年初，甲建筑公司签订了一项总金额为 1000 万元的建造合同，为乙公司建造一座桥梁。工程已于 2011 年 2 月开工，将在 2012 年 6 月完工，预计工程总成本为 800 万元。截至 2011 年 12 月 31 日，该项目已经发生的成本为 500 万元，预计完成合同还将发生成本 300 万元，已结算并收到工程价款 400 万元。假定营业税率为 3%，不考虑其他税费。

分析：

1. 发生成本时　　5000000 元

借：工程施工　　5000000 元

　　贷：应付职工薪酬（原材料等）　　5000000 元

2. 结算并收到工程价款　　4000000 元

借：银行存款　　4000000 元

　　贷：工程结算　　4000000 元

3. 缴纳税款　　120000 元

借：应交税费——应交营业税　　120000 元

　　贷：银行存款　　120000 元

4. 按完工百分比确认收入 =5000000/8000000 × 10000000=6250000 元

毛利 =6250000-5000000=1250000 元

计提营业税 =6250000 × 0.03=187500 元

借：主营业务成本　　5000000 元

　　工程施工——毛利　　1250000 元

　　贷：主营业务收入　　6250000 元

借：营业税金及附加　　187500 元

　　贷：应交税费——应交营业税　　187500 元

（注意：187500–120000=67500 元的营业税应该与建设方结算时再缴纳，有的税务局提出要缴纳营业税是不对的，因为营业税是以结算为主的。）

本例中劳务交易结果能够可靠地计量，在确认收入时采用完工百分比法。

劳务收入的检查有以下方法：

1. 检查收入确认时间

（1）检查劳务经济合同，核实劳务内容、形式、时间、金额。将营业收入贷方发生额与所得税申报表核对，查看是否账表相符。

（2）结合工程施工、劳务成本等账户，检查劳务收入与劳务成本是否配比，结合合同或协议，按结算方式检查劳务收入，查看劳务收入是否及时入账。

（3）对受托加工大型机器设备等持续时间超过 12 个月的，重点检查纳税年度内工作进度和完成工作量。测量已完工工作量，确定已提供的劳务占应提供劳务的比例，已完工劳务成本占估计总劳务成本的比例。

2. 检查收入确认金额

（1）对已完工或已办理劳务结算手续的，从劳务方已收或应收劳务价款的劳务合同和结算凭据检查应收未收的劳务价款是否全额结转了当期收入总额。

（2）对受托加工大型机器设备等持续时间超过 12 个月的，重点检查纳税年度结束时当期劳务收入总额、完工进度等。

（3）检查是否存在关联企业对劳务收入价格偏低且无正当理由的情况，考虑是否要按公允价格调整。

（4）对已发生的劳务成本预计能得到补偿的，检查是否按劳务成本确认劳务收入，并按相同金额结转劳务成本。

3. 检查是否存在以劳务抵债等视同销售情况

（三）财产转让收入的检查

1. 转让固定资产的检查

从报表看是否有新增固定资产，如果无新增固定资产，但固定资产净值减少额大于累计折旧增加额，说明固定资产有所减少，进一步检查营业外收支是否列示相关项目，列示是否正确。

2. 转让无形资产的检查

转让无形资产净损益一般通过营业外收支核算，但特许权使用费则通过其他业务收支核算。检查技术转让收入与特许权使用费收益划分是否正确，技术转让所得是否超过500万元，是否享受了税收优惠。

（四）股息、红利的检查

股息、红利等权益性投资，除国务院财政、税务等主管部门另有规定外，按照被投资方做出利润分配决定的日期确认收入的实现。

（1）检查体现投资收益的账户借方发生额及上年借方余额，如交易性金融资产、长期股权投资等。如报表未体现投资收益，检查其他应付款、应付账款等账户，是否存在将投资收益挂往来而不确认投资收益。

（2）检查免税收入中，享受免税优惠的投资收益是否符合优惠条件。

（五）利息收入的检查

利息收入按合同约定的债务人应付利息的日期确认收入的实现。

（1）检查应收账款、应收票据、其他应收款等借方发生额，对收回的挂账时间较长的往来账款及年底未收回的资金，结合合同协议，查看是否有利息约定，对照财务费用，检查是否对利息进行确认。

（2）检查购买国债利息收入是否享受免税优惠。

（六）租金收入的检查

租金收入一般通过其他业务收入核算。

（1）检查固定资产项目中有无房产，对照所有权证明实地查看房产实际使用情况。

（2）检查财产租赁费用支出凭证，核实租入资产的实际使用状况，有无转租情形。

（3）对照租赁合同，掌握对外租赁业务的真实情况，检查对外租赁会计处理是否正确。

（4）检查往来账款，是否存在租金收入挂账往来而不及时确认收入情况。

（七）特许权使用费收入的检查

特许权使用费收入，按合同约定特许权使用人应付特许权使用费的日期确认收入，会计上通过其他业务收支核算。

（1）检查账簿、凭证，结合合同确认特许权使用费收入的金额和结算方式，检查其他业务收入账户，核实特许权使用费的确认，看有无少计收入或截留挪用特许权费收入，有无以收抵支或直接冲减成本的情况。

（2）检查收入是否按合同的支付方式和支付时间确认。

（八）接受捐赠收入的检查

接受捐赠收入，按照实际收到捐赠资产的日期确认收入的实现。

重点检查接受非现金捐赠是否按规定的价值入账，是否存在接受捐赠挂账往来而不记收入的情况。

（九）其他收入的检查

其他收入包括资产溢余收入、逾期未退包装物押金收入、确实无法支付的应付账款、债务重组收入、补贴收入、汇兑收益和违约金收入等。此类收入很难通过账面发现问题，税务人员往往通过询问调查掌握取得收入情况。

企业所得税——收入的检查（1）

<table>
<tr><th>收入类型</th><th colspan="4">检查方法</th></tr>
<tr><td rowspan="4">销售收入</td><td colspan="4">核对发票、申报情况、销售合同及预收款信息</td></tr>
<tr><td colspan="4">检查不同时期有无收入异常情况，是否足额结转收入</td></tr>
<tr><td colspan="4">检查同期销售货物单价，看有无明显偏低情况</td></tr>
<tr><td colspan="4">检查红字收入冲销是否符合规定</td></tr>
<tr><td rowspan="6">视同销售收入</td><td colspan="4">检查库存商品贷方明细对应账户</td></tr>
<tr><td colspan="4">检查库存商品贷方发生项目摘要</td></tr>
<tr><td colspan="4">检查原材料贷方发生额对应账户</td></tr>
<tr><td>库存商品 / 原材料贷方项目</td><td>对应账户</td><td>是否有视同销售</td><td>检查情况</td></tr>
<tr><td></td><td></td><td></td><td></td></tr>
<tr><td></td><td></td><td></td><td></td></tr>
<tr><td rowspan="11">劳务收入</td><td colspan="4">1. 检查收入确认时间</td></tr>
<tr><td colspan="4">核实劳务合同中合同的内容、形式、时间、金额</td></tr>
<tr><td colspan="4">检查劳务收入与劳务成本是否配比</td></tr>
<tr><td colspan="4">检查纳税年度内工作进度和完成工作量</td></tr>
<tr><td colspan="4">2. 检查收入确认金额</td></tr>
<tr><td colspan="4">对已完工或已办理劳务结算手续的，通过劳务合同和结算凭据检查应收未收的劳务价款是否全额结转了当期收入总额</td></tr>
<tr><td colspan="4">持续时间超过 12 个月的，检查纳税年度结束时当期劳务收入总额、完工进度</td></tr>
<tr><td colspan="4">已发生的劳务成本预计能得到补偿的，检查是否按劳务成本确认劳务收入，并按相同金额结转劳务成本</td></tr>
<tr><td colspan="4">3. 检查是否存在以劳务抵债等视同销售情况</td></tr>
<tr><td>劳务名称</td><td>劳务收入</td><td>劳务成本</td><td>配比情况</td></tr>
<tr><td></td><td></td><td></td><td></td></tr>
</table>

<table>
<tr><td>收入类型</td><td colspan="4">检查方法</td></tr>
<tr><td rowspan="15">财产转让收入</td><td colspan="4">转让固定资产</td></tr>
<tr><td colspan="4">检查是否有新增固定资产</td></tr>
<tr><td colspan="4">如无新增固定资产，但固定资产净值减少额大于累计折旧增加额，说明固定资产减少</td></tr>
<tr><td>期初固定资产</td><td>期末固定资产</td><td>固定资产减少情况</td><td>是否有转让收入</td></tr>
<tr><td></td><td></td><td></td><td></td></tr>
<tr><td rowspan="5">无新增固定资产</td><td>期初固定资产净值</td><td>期末固定资产净值</td><td>固定资产净值减少额</td></tr>
<tr><td></td><td></td><td></td></tr>
<tr><td>期初累计折旧</td><td>期末累计折旧</td><td>累计折旧增加额</td></tr>
<tr><td></td><td></td><td></td></tr>
<tr><td colspan="2">比较净值减少额与折旧增加额，判断是否有转让</td><td></td></tr>
<tr><td colspan="4">转让无形资产</td></tr>
<tr><td>无形资产项目</td><td>检查科目</td><td>特殊情况</td><td>检查情况</td></tr>
<tr><td>特许权使用费</td><td>其他业务收支</td><td></td><td rowspan="3">无</td></tr>
<tr><td>技术转让收入</td><td>营业外收支</td><td>所得有无超过 500 万元</td></tr>
<tr><td>其他无形资产</td><td>营业外收支</td><td></td></tr>
</table>

企业所得税——收入的检查（2）

<table>
<tr><td>收入类型</td><td colspan="4">检查方法</td></tr>
<tr><td rowspan="3">股息、红利收入</td><td>检查账户</td><td>收益额</td><td>是否应纳税</td><td>是否已纳税</td></tr>
<tr><td>投资收益账户</td><td></td><td></td><td></td></tr>
<tr><td>取得投资收益但挂往来账户</td><td></td><td></td><td></td></tr>
</table>

续　表

收入类型	检查方法			
利息收入	项目	收益额	是否应纳税	是否已纳税
	国债利息收入			
	其他利息收入			
租金收入	检查账户	有无房产	使用情况	
	固定资产		自用	出租
	费用账户	有无转租		
	其他业务收入	有无列租金收入		
特许权使用费收入	检查账户	合同收入	记账收入	有无冲抵成本
	其他业务收入			
捐赠收入	检查账户	是否现金收入	收入额	是否未记收入账户
	营业外收入			
	往来账户			
评价				

四、成本费用扣除项目的检查

企业所发生的支出，是否准予在税前扣除，以及扣除范围和标准的大小，直接决定了企业应纳税所得额的计算，进而影响到企业应纳税额的大小。《企业所得税法》第八条规定，企业实际发生的与取得收入有关的、合理的支出，包括成本、费用、税金、损失和其他支出，准予在计算应纳税所得额时扣除。为进一步明确企业支出准予税前扣除的基本原则，实施条例规定，准予企业税前扣除的与取得收入有关的支出，是指与取得收入直接相关的支出；合理的支出，是指符合生产经营活动常规，应当计入当期损益或者有关资产成本的必要和正常的支出。成本费用的检查是所得税检查的重要组成部分。

（一）材料费用的检查

对于材料费用的检查，一般从材料的收入、发出、结存三个方面进行。比较分析材料明细账的收入、发出和结存金额是否接近，重点检查出入较大的项目。另外，注意结存是否异常，是否出现红字结存。

1. 收入材料的检查

（1）检查原材料明细账借方发生额，对购入相同类别材料单价相差较大的，核对原始凭证和对应账户，看有无虚增材料成本或将材料成本计入期间费用的情况。

（2）对于估价入账的材料，检查有无不用红字冲销原账，收到结算凭证时又重复记材料账，造成虚增材料成本，或估计入账时按高于实际成本计划价格入账，收到结算凭证后不按实际成本调账。

（3）对于委托加工物资，核对借方发生额与委托加工合同和支付加工费结算凭证，看借方发生额是否低于实际成本费用，是否直接将加工费计入期间费用。

所得税——成本费用之材料费用的检查（1）

<table>
<tr><td colspan="5">收入材料的检查（检查账户—原材料借方）</td></tr>
<tr><td rowspan="2">相同材料单价差异大</td><td>通常单价</td><td>异常单价</td><td>单价差异大的原因</td><td rowspan="6">评价</td></tr>
<tr><td></td><td></td><td></td></tr>
<tr><td rowspan="2">估价入账材料</td><td>估计入账金额</td><td>结算金额</td><td>差异是否调整</td></tr>
<tr><td></td><td></td><td></td></tr>
<tr><td rowspan="2">委托加工物资</td><td>科目借方发生额</td><td>合同金额</td><td>支付凭证金额</td></tr>
<tr><td></td><td></td><td></td></tr>
</table>

2. 发出材料的检查

条例规定，存货的成本计算方法，可以在先进先出法、加权平均法和

个别计价法中任选一种，一经选用，不得随意变更。

（1）按实际成本核算的，根据不同计价方法检查发出材料的计价

1）先进先出法的检查。正常情况下，某种材料月末结存数量等于或小于最后一次购进数量时，结存单价应与最后一批材料购入单价相同。如果月末结存数量大于最后一批购进数量，结存单价应考虑倒数几批购入单价。重点检查结存数量和单价是否正确，可按结存数量往上倒推的办法，看有无多结转发出成本的问题。

2）加权平均法。重点检查原材料各月末结存单价与发出单价是否一致，与收入栏单价是否接近，月与月之间有无异常变化。发现异常情况，应采用加权平均法进行复算。

3）个别计价法。根据原材料明细账，每次发出的材料与购入材料就单位、规格、价格等对号入座核对，如果二者不符，则存在错用不同批次的进价结转成本的问题。

（2）按计划成本核算的，重点检查材料成本差异额及分配

1）检查材料成本差异发生额。材料成本差异发生额直接影响分配额的多少和产品成本的高低。检查材料成本差异借方发生额，剔除不属于材料成本的项目，检查分配前贷方发生额的对应账户，看有无不属于材料成本差异的内容。

2）检查成本差异率。材料成本差异率计算的准确性，关系到发出材料计划成本与生产成本计算的正确与否。按规定，发出成本所负担的成本差异可按当月的成本差异率计算，也可按上月的成本差异率计算，一经确定，不得随意改变。检查时复核成本差异率的计算是否正确。

3）检查差异额的分配。将材料成本差异贷方分摊额与对应账户及原材料贷方发生额进行核对，有无将超支差异全部转入生产成本，而将节约差异全部留在账户内，有无视产品成本和利润的高低随意分配差异额

的情况。

（3）采用分析方法，检查发出材料数量

材料发出数量，直接影响成本的高低和利润的多少。

1）分析生产耗用数量。

① 单位产品耗用数量分析。将本期产品实际耗用数量与定额耗用数量对比，或与上期实际耗用数量对比，看是否有出入，若出入较大需查找原因。

② 应耗用材料分析。根据产品消耗材料定额计算理论上应耗材料数量，与实际耗用数量对比，看差异是否较大。

③ 投入产出分析。按产品实耗材料总量测算产品数量，与实际产出数量对比。

2）检查耗用单据。如果通过分析发现差异较大，需进一步检查相关账证。

① 检查原材料明细账，将发出材料汇总表与领料单、退料单进行核对，核实发料总金额是否相符，再与生产耗用分配表核对，看二者总金额是否一致。

② 检查领料单用途、请领数量和实发数量，汇总后与生产耗料分配表核对，有无非生产领料情形。

③ 盘点主要库存材料，以存挤耗。

（4）检查发出材料的用途

① 检查主要材料明细账和发料凭证汇总表，将领用用途及领用部门与仓库核对，核实按用途统计数字是否正确。

② 对多用途材料，核对用料计划，落实材料去向。

③ 检查领料凭证制单人和领料部门，看有无非生产部门领料。

发出材料的检查

1. 材料计价检查

实际成本核算	检查项目	先进先出法	加权平均法	个别计价法
	结存单价			
	最后购入材料单价			
	发出单价			
计划成本核算	检查项目	借方发生额	分配前贷方对应账户	有无非成本差异项目
	成本差异发生额			
	成本差异率	复算计算是否正确		
	成本差异额分配	差异分摊额	对应账户发生额	原材料贷方发生额

2. 分析发出材料数量—生产耗用数量分析

单位产品耗用数量	本期实际单位产品耗用数量	定额耗用数量	上期实际单位产品耗用数量	差异评价
应耗用材料数量	产品产量	单位产品耗用材料	应耗用材料数量	实际耗用材料数量
投入产出分析	实耗材料总量	单位产品耗用材料	应产出产品量	实际产品产量

3. 发出材料用途的检查

抽查单证	领用部门	领用用途	有无非生产部门领料	会计记录
材料明细账				
发料凭证汇总表				
评价				

3. 结存材料的检查

（1）材料库存数量的检查

①通常，账实不一致的问题包括两种情况：账多实少或账少实多。

导致账多实少的原因有：外借、出售、自用材料不结转或少结转数量、收入材料数量以少计多、发出材料以多计少。

导致账少实多的原因有：材料先到已入库票未到未估计入账、车间退料未办退库手续、外借材料未记账、收发材料计量不准、盘盈材料未入账。

②检查时采用账盘和实盘两种方法。

账盘法，以财务部门的材料明细账与仓库部门的材料收发存日报表及流动资产清查盘点表核对，看是否账账相符。

实盘法，对主要材料进行实地盘点，然后与账存数量核对。所有差异根据具体情况进行调整。

（2）账面红字余额的检查

①账面结存数量和金额全部为红。在检查库存数量的基础上，看是否为借入材料或者货到单未到未入账的原因，若不是，考虑是否多结转成本。

②账面结存数量为红，金额为蓝。若库存确无实物，说明以往发料计价偏低，少结转成本，应将蓝字金额调增生产成本；若仍有实物，应盘点实际金额，将与账面的差异调整成本。

③账面结存数量为蓝，金额为红。此种情况一般是由于提高发出材料单价、多结转成本造成，视情况调整成本。

（3）材料盘盈、盘亏及毁损的检查

将待处理财产损益—待处理流动资产损益账户与材料盘点表及材料盈亏报告表核对，看数量和金额是否相符，有无压低盘盈价格和提高盘亏价格问题。检查有无大额未经批准，直接将盘亏及毁损金额计入费用或营业外支出并在税前扣除的情况。

结存材料的检查

1. 材料库存数量的检查

账实不一致情况	原因				
账多实少	外借、出售、自用材料少结转数量	外借、出售、自用材料未结转数量	收入材料数量以少计多	发出材料以多计少	盘亏材料未入账
账少实多	材料先到已入库票未到未估计入账	车间退料未办退库手续	外借材料未记账	收发材料计量不准	盘盈材料未入账
抽查材料名称	盘点数量	财务账面数	仓库账面数	差异原因	

2. 账面红字余额的检查

红字余额情况	原因分析			处理	
账面结存数量和金额全部为红	为借入材料	货到单未到未入账	多结转成本	根据情况补入或调整	
账面结存数量为红，金额为蓝	确无实物	以往发料计价偏低，少结转成本		将蓝字金额调增生产成本	
	仍有实物	以前记账数量登记差错		盘点实际金额，将与账面的差异调整成本	
账面结存数量为蓝，金额为红	提高发出材料单价、多结转成本			其他原因	视情况调整成本

红字余额材料名称	数量	金额	红字原因	处理

3. 材料盘盈、盘亏及毁损的检查

盘盈盘亏材料名称	检查账户		核对表单		盈亏计入科目
	待处理财产损益—待处理流动资产损益		材料盘点表	盈亏报告表	
	数量				
	金额				
评价					

数量金额账抽查情况表

产品名称：

成本核算方法：

月份	入库			出库			结存		
	数量	单价	金额	数量	单价	金额	数量	单价	金额
期初									
1									
2									
月份	入库			出库			结存		
	数量	单价	金额	数量	单价	金额	数量	单价	金额
3									
4									
5									
6									
7									
8									
9									
10									
11									
12									
合计									
结论									

4. 周转材料的检查

（1）低值易耗品的检查

对于采用五五摊销法的，将周转材料—在库低值易耗品明细账贷方发生额，与周转材料—低值易耗品摊销明细账贷方发生额核对。如果当月摊

销额与在库数额相等，说明提前一次摊入成本；如果摊销总额大于在库贷方发生额，应核实是否领用时一次性摊销，报废时又重复摊销。

（2）包装物的检查

包装物核算与低值易耗品相同，需要关注出租包装物的处理。

对于出租包装物的摊销，主要检查存在重复计算摊销额或提前摊销问题。对收回已使用过的出租包装物重新作价入账后，又继续出租的，应考虑是否重复列支成本。当包装物报废处理时，应检查取得的残值收入是否冲减了有关费用支出，是否计入往来科目。

周转材料的检查

1. 低值易耗品的检查

摊销方法	周转材料名称	核对科目		比较	可能原因
五五摊销法	周转材料名称	周转材料—在库低值易耗品明细账贷方发生额	周转材料—低值易耗品摊销明细账贷方发生额	当月摊销额与在库数额相等	提前一次摊入成本
				摊销总额大于在库贷方发生额	领用时一次性摊销，报废时又重复摊销

2. 包装物的检查

摊销方法	周转材料名称	核对科目		比较	可能原因
五五摊销法	周转材料名称	周转材料—在库低值易耗品明细账贷方发生额	周转材料—低值易耗品摊销明细账贷方发生额	当月摊销额与在库数额相等	提前一次摊入成本
				摊销总额大于在库贷方发生额	领用时一次性摊销，报废时又重复摊销
评价					

（二）人工费用的检查

从应付职工薪酬明细账户及对应账户入手，检查原始凭证。

1. 检查从业职工人数

根据生产经营及生产规模，从人力资源部门取得职工人数资料，核实有无虚列人员、虚列工资的问题。

2. 检查工资薪酬分配情况

（1）实行计时工资制

应付工资 = 计时工资 + 各种奖金 + 各种补贴津贴

检查各月工资计算单的计算过程是否统一。

（2）实行计件工资制

应付计件工资 = Σ计件单价 ×（合格品数量 + 料废品数量）

其中：料废品数量是指由于材料缺陷（材废）原因造成的废品。

检查实际列支工资是否符合公式要求，是否存在将工废数量混入料废数量的情况。

（3）实行绩效工资制

检查绩效工资制度，根据机构设置、人员配备，检查工资分配，有无将非生产经营人员的工资，如在建工程人员工资计入成本费用的情况，有无将直接工资挤入期间费用的情况。

3. 检查“三费”支出情况

“三费”指福利费、教育费附加和工会经费。检查是否符合列支范围及是否超支，是否属于“三费”性质但在其他费用科目列支。

4. 检查职工保险费支出情况

检查是否列支了商业保险费，补充医疗保险列支是否超过范围，是否列支应由职工个人支付的保险费。

所得税——成本费用之人工费用的检查

从业职工人数		支出金额	资费与人数是否配比	占工资总额比重	评价
工资薪酬分配	直接工资			—	
	间接工资			—	
	管理工资			—	
	合计				
“三费”支出	福利费				
	教育费附加				
	工会经费				
保险费支出	基本保险			—	
	补充保险			—	
	商业保险			—	

（三）制造费用的检查

制造费用是企业为生产产品和提供劳务而发生的各项间接成本，需按一定标准分配给成本计算对象的各种间接费用。

检查制造费用明细账，结合原始凭证，检查其真实性；检查分配标准、分配方法和分配对象是否具有随意性。

所得税——成本费用之制造费用的检查

<table>
<tr><td colspan="2">制造费用发生额合计</td><td></td><td colspan="2">制造费用占成本比重</td><td></td></tr>
<tr><td rowspan="4">占比重较大费用项目</td><td>项目</td><td>发生额</td><td>占全部制造费用比重</td><td>分配对象</td><td>分配方法</td></tr>
<tr><td></td><td></td><td></td><td></td><td></td></tr>
<tr><td></td><td></td><td></td><td></td><td></td></tr>
<tr><td></td><td></td><td></td><td></td><td></td></tr>
<tr><td>评价</td><td colspan="5"></td></tr>
</table>

（四）产成品成本的检查

完工产品成本分配计算正确与否，直接关系到营业成本和利润的正确性。检查主要通过生产成本、库存商品等账户及成本计算资料核实。

1. 在产品成本计算的检查

（1）期末在产品实有数量的检查

永续盘存制核算的企业，检查在产品是否账账相符、账实相符。核对生产成本明细账数量与库存商品账户记录的数量是否相符。实地盘存制核算的企业，重点检查实地盘点记录是否有异常。

（2）在产品计价的检查

① 定额成本法下。索取技术定额资料和会计确定定额成本的计算方法，根据期末实际结存在产品数量，计算在产品成本与实际核对。比较盘存表反映的是在产品成本与生产成本明细账余额是否一致。

② 约当产量法下。分析和调查材料成本是否投入一致，有无一次投入、按逐步投入计算材料成本，一次投入使用的约当程度是否为 100%。检查成本计算单是否在产品只计材料成本而不计工资和费用成本多结转完工产品成本。

③ “分步法”下。对照在产品盘存表和产品成本计算单，看是否按各道工序在产品成本累积额计算，是否仅按最后一道工序计算在产品成本。

④ “分批法”下。分批法下，成本计算单的结存余额就是在产品的结存余额，工作号和订单是成本计算对象，检查工作号和订单，看有无尚未完工的产品按完工批号结转成本。

2. 完工产品成本计算的检查

（1）完工产品产量的检查

1）检查内容：

①有无已完工未销售不计产量。

② 有无本企业工程部门和福利部门领用不计产量。

③ 有无以样品、赠品、展览品、检验品等方式发出不计产量。

2）检查方法：

① 核对产品成本计算单与库存商品明细账借方发生额数量是否一致，以检查完工产量与入库产量是否相符。

② 核对车间产量与产品收入凭证是否相符。

③ 根据投入产出法计算应产产品数量，与实际产量比较。

（2）完工产品成本分配方法的检查

① 生产费用完全由完工产品负担。只适用于各月在产品数量很小且在产品分配的费用对产品成本影响很小的情况。检查在产品实际结存是否很小。

② 在产品和完工产品按相同比例分配生产费用。只适用于各月在产品已接近完工或产品已完工未入库的情况。应检查在产品加工深度。

③ 按产品产量和在产品约当产量分配生产费用。只适用于在产品数量较多，各月产品结存量变化较大，且费用在成本中占比重较大的情况。应检查成本计算资料。

④ 扣除在产品定额成本，确定完工产品成本。只适用于制定在产品消耗定额比较准确的企业。查阅定额资料，看有无有意调整定额的情况。

⑤ 按计划成本确定完工产品成本。只适用于分批成本计算法中产品跨月完工，先出厂销售部分按计划成本计算销售成本的情况。

3. 成本计算方法的检查

（1）检查有无一个年度内任意变更计算方法。

（2）采用的计算方法是否适用本企业的实际情况。

所得税——成本费用之产品成本的检查

1. 在产品成本的检查

<table>
<tr><td rowspan="3">在产品实有数量</td><td>抽查在产品名称</td><td></td><td></td><td></td><td></td></tr>
<tr><td>数量</td><td></td><td></td><td></td><td></td></tr>
<tr><td>约当产量</td><td></td><td></td><td></td><td></td></tr>
<tr><td rowspan="5">在产品计价</td><td rowspan="2">定额成本法</td><td>生产成本余额</td><td>单位成本</td><td>定额成本</td><td>差异</td></tr>
<tr><td></td><td></td><td></td><td></td></tr>
<tr><td rowspan="2">约当产量法</td><td>生产成本余额</td><td>单位成本</td><td>产成品单位成本</td><td>差异</td></tr>
<tr><td></td><td></td><td></td><td></td></tr>
<tr><td>分步法</td><td colspan="4">是否仅按最后一道工序计算在产品成本，而不是各道工序在产品成本累积额计</td></tr>
<tr><td rowspan="2">在产品计价</td><td rowspan="2">分批法</td><td colspan="2">成本计算单结存余额</td><td>产成品结存余额</td><td>是否相等</td></tr>
<tr><td></td><td></td><td></td><td></td></tr>
</table>

2. 完工产品成本计算的检查

<table>
<tr><td rowspan="3">完工产品产量</td><td>产品名称</td><td>产品成本计算单数量</td><td>库存商品明细账借方发生额数量</td><td>车间产量</td><td>产品收入凭证销量</td></tr>
<tr><td></td><td></td><td></td><td></td><td></td></tr>
<tr><td>评价一致性</td><td colspan="4"></td></tr>
<tr><td rowspan="10">完工产品成本分配方法</td><td colspan="2" rowspan="2">生产费用完全由完工产品负担</td><td>在产品实际结存</td><td>是否很小</td><td>评价</td></tr>
<tr><td></td><td></td><td rowspan="9"></td></tr>
<tr><td colspan="2" rowspan="2">在产品和完工产品按相同比例分配生产费用</td><td>在产品加工深度</td><td>是否接近完工</td></tr>
<tr><td></td><td></td></tr>
<tr><td colspan="2" rowspan="2">按产品产量和在产品约当产量分配生产费用</td><td>在产品数量</td><td>费用比重是否较大</td></tr>
<tr><td></td><td></td></tr>
<tr><td colspan="2" rowspan="2">扣除在产品定额成本，确定完工产品成本</td><td>消耗定额指标</td><td>是否有作调整</td></tr>
<tr><td></td><td></td></tr>
<tr><td colspan="2" rowspan="2">按计划成本确定完工产品成本</td><td>是否分批成本计算法</td><td>是否产品跨月完工</td></tr>
<tr><td></td><td></td></tr>
<tr><td rowspan="2">成本计算方法的检查</td><td colspan="2">年度内有无任意变更计算方法</td><td colspan="2">计算方法是否适用本企业的实际情况</td><td rowspan="2"></td></tr>
<tr><td colspan="2"></td><td colspan="2"></td></tr>
</table>

（五）主营业务成本的检查

1. 销售数量的检查

核对主营业务成本明细账合计销售数量、库存商品明细账结转成本的数量，与营业成本计算表中计算的营业成本核对。将库存商品明细账与仓库保管账核对收、发、存数量。

2. 销售成本计价的检查

对于计划成本核算的企业，复核产品成本差异率的计算；对分期收款销售商品，将主营业务成本明细账与分期收款发出商品明细账贷方发生额核对，核实是否按合同结转收入和成本。

3. 销货退回成本的检查

核对主营业务收入明细账和库存商品明细账，检查红字冲减的销售退回业务凭证，再与主营业务成本明细账核对，核实有无冲减销售成本。

4. 非销售发出产品成本结转的检查

根据库存商品、自制半成品明细账贷方发生额检查对应账户，检查出库单，核实有无非销售领用产品应负担的成本计入主营业务成本。

所得税——成本费用之主营业务成本的检查

<table>
<tr><td rowspan="3">销售数量的检查</td><td>品名</td><td>主营业务成本明细账合计销售数量</td><td>库存商品明细账结转成本的数量</td><td>仓库保管账发出的数量</td></tr>
<tr><td></td><td></td><td></td><td></td></tr>
<tr><td></td><td></td><td></td><td></td></tr>
<tr><td rowspan="2">销售成本计价的检查</td><td>计划成本核算</td><td colspan="3">复核产品成本差异率</td></tr>
<tr><td>分期收款销售商品</td><td colspan="3">主营业务成本明细账与分期收款发出商品明细账贷方发生额核对</td></tr>
<tr><td rowspan="3">销货退回成本的检查</td><td>退回品种</td><td>退回数量</td><td>红字冲减的销售退回凭证金额</td><td>主营业务成本冲减金额</td></tr>
<tr><td></td><td></td><td></td><td></td></tr>
<tr><td></td><td></td><td></td><td></td></tr>
</table>

续 表

<table>
<tr><td rowspan="3">非销售发出产品成本结转的检查</td><td>库存商品、自制半成品明细账贷方摘要</td><td>对应科目</td><td>使用部门</td><td>是否销售领用</td></tr>
<tr><td></td><td></td><td></td><td></td></tr>
<tr><td></td><td></td><td></td><td></td></tr>
<tr><td>评价</td><td colspan="4"></td></tr>
</table>

（六）期间费用的检查

1. 管理费用的检查

（1）招待费的检查

①检查大额会议费、差旅费原始凭证，对开票单位为酒店、餐馆的，是否存在以其他名义列支招待费的情况。

②计算招待费的列支是否超支。

（2）研发费用的检查

检查研发费财务核算账证是否健全，开支范围是否符合政策规定，有无虚记和多记加计扣除。

（3）固定资产折旧费的检查

检查固定资产入账时有无取得合法票据，折旧时间和方法是否正确。

（4）技术转让及无形资产摊销的检查

检查技术转让费是否同时计入管理费和无形资产重复入账；无形资产摊销是否正确。

（5）其他费用的检查

① 检查有无支付其他企业管理费。

② 检查费用凭证是否合法有效。

③ 检查有无将应计入成本和制造费用的项目计入管理费用。

（6）各种税金的检查

包括房产税、印花税、车船税、土地使用税等。

所得税——成本费用之期间费用的检查

1. 管理费用的检查

招待费的检查	全部招待费列支		其中：60%	
	营业收入总额		按收入扣除限额	
	税前可列支招待费		不可税前扣招待费	
	大额支出凭证号	支付金额	是否招待费	是否列支为招待费
研发费用的检查	研发开支金额	是否独立核算	能否加计扣除	加计扣除额
折旧费的检查	所购固定资产有无取得发票	折旧额是否正确	折旧年限是否按税法规定	应调增额
技术转让及无形资产摊销的检查	技术转让费	计入科目		是否同时计入两科目
		无形资产	管理费	
	无形资产	摊销年限	摊销额	是否符合税法规定
其他费用的检查	检查有无支付其他企业管理费		支付金额	
	检查费用凭证是否合法有效		不合法金额	
评价				

2. 销售费用的检查

（1）广告费和业务宣传费

检查原始凭据，确认其真实性；检查广告合同载明的金额和期限，是否预支了以后年度的广告费和业务宣传费提前税前扣除；检查是否借广告费和业务宣传费的名义列支其他超出标准费用。

（2）运输费

检查运输费用的真实性；检查有无在建工程支出发生的运输费；检查有无外购材料以运输费名义列支。

（3）其他费用

检查有无虚列销售人员提成工资；有无有意加大差旅费、办公费和修理费的开支等。

所得税——成本费用之期间费用的检查

<table>
<tr><td colspan="5">2. 营业费用的检查</td></tr>
<tr><td>占比重较大营业费项目</td><td>金额</td><td>占全部营业费用比重</td><td>合理性判断</td><td>进一步检查项目</td></tr>
<tr><td>工资</td><td></td><td></td><td></td><td></td></tr>
<tr><td>折旧费</td><td></td><td></td><td></td><td></td></tr>
<tr><td>差旅费</td><td></td><td></td><td></td><td></td></tr>
<tr><td rowspan="4">广告费和业务宣传费</td><td>广告和业务宣传费支出额</td><td>合同载明期限</td><td>合同载明金额</td><td>可参与计算税前扣除额</td></tr>
<tr><td></td><td></td><td></td><td></td></tr>
<tr><td>营业收入</td><td>营业收入的15%</td><td>本年税前扣除金额</td><td>留待以后扣除金额</td></tr>
<tr><td></td><td></td><td></td><td></td></tr>
<tr><td>评价</td><td colspan="4"></td></tr>
</table>

3. 财务费用的检查

（1）检查利息支出

检查贷款合同及在建工程完成情况，看利息支出有无列错项目；检查向非金融机构利息支出是否超标；检查是否存在关联企业间利息支出。

（2）检查汇兑损益

检查汇兑损益的计算是否正确。

所得税——成本费用之期间费用的检查

3. 财务费用的检查

<table>
<tr><td rowspan="5">利息支出</td><td>支付对象</td><td>支付给金融机构</td><td>支付给非关联企业</td><td>支付给关联企业</td></tr>
<tr><td>支付金额</td><td></td><td></td><td></td></tr>
<tr><td>是否超支</td><td></td><td></td><td></td></tr>
<tr><td rowspan="2">资金用途</td><td>在建工程</td><td>非在建工程</td><td>转借</td></tr>
<tr><td></td><td></td><td></td></tr>
<tr><td rowspan="2">汇兑损益</td><td>汇兑收益</td><td>汇兑损失</td><td>年初年末汇率差异额</td><td>复核计算是否准确</td></tr>
<tr><td></td><td></td><td></td><td></td></tr>
<tr><td>评价</td><td colspan="4"></td></tr>
</table>

（七）其他支出的检查

1. 其他业务成本的检查

检查其他业务成本——材料销售明细借方发生额，与原材料贷方发生额及凭证核对，看有无不按规定结转成本并分摊差异的情况；检查其他业务收入应交的流转税及附加税费是否正确。

2. 营业外支出的检查

（1）检查营业外支出明细项目列支范围是否正确；

（2）将营业外支出——非流动资产处置损失明细账，与固定资产清理明细账核对，有无将清理过程中的各项收款不抵减支出而转入其他账户的情况，是否只结转损失而不结转收益。

（3）非正常损失金额较大的有无出具专项审计报告。

（4）捐赠支出是否超过标准。

所得税——成本费用之其他支出的检查

1. 其他业务支出

其他业务支出项目	金额	是否涉及流转税	是否申报流转税

2. 营业外支出

营业外支出明细项目	金额	是否可税前列支	应调整增加所得额
评价			

五、资产税务处理的检查

（一）资产税务处理一般法律规定

1. 计税成本的规定（所得税条例第 56 条）

企业的各项资产，包括固定资产、生物资产、无形资产、长期待摊费用、投资资产、存货等，以历史成本为计税基础。前款所称历史成本，是指企业取得该项资产时实际发生的支出。企业持有各项资产期间资产增值或者减值，除国务院财政、税务主管部门规定可以确认损益外，不得调整该资产的计税基础。

2. 转让可扣除财产净值（所得税法第 16 条、所得税条例第 74 条）

企业转让资产的净值，准予在计算应纳税所得额时扣除。

财产净值，是指有关资产、财产的计税基础减除已经按照规定扣除的

折旧、折耗、摊销、准备金等后的余额。

3. 重组转让计税基础（所得税条例第 75 条）

除国务院财政、税务主管部门另有规定外，企业在重组过程中，应当在交易发生时确认有关资产的转让所得或者损失，相关资产应当按照交易价格重新确定计税基础。

（二）固定资产税务处理的检查

1. 固定资产计税基础的检查

检查固定资产入账发票等相关原始单据，并与购入、建筑安装合同核实，确认有无虚增固定资产；检查固定资产盘点表，核实固定资产盘盈是否通过费用列支；检查出资协议及资产评估报告，看是否存在固定资产投资的情况。另外，可经由固定资产明细账检查实物或由实物检查明细账是否记录。

2. 固定资产折旧的检查

（1）检查折旧基数

将固定资产明细账与折旧计算表核对，看是否存在不允许计提折旧的固定资产，当月使用的固定资产是否当月计提了折旧；按双倍余额递减少折旧的，应以净值为计提基数，检查是否按原值提折旧；采用年数总和法计算折旧的，有无将原值不扣除净残值作为计提基数；对于缩短折旧年限的，折旧年限是否低于税法规定最低年限的 60%。

（2）检查折旧方法

检查有无在同一个年度内随意变换折旧方法；有无不属于加速折旧的固定资产采用加速折旧。特别关注折旧率明显偏高的项目。

（3）检查折旧计算和分配

对照折旧计算表检查折旧额的计算，检查累计折旧贷方对应账户，是否记错成本费用项目。

（4）检查固定资产处置时折旧的处理

检查固定资产处置时是否冲抵了相应的折旧额。

（5）检查减值准备

检查是否计提了减值准备。注意所提减值准备不得税前扣除。

（三）无形资产税务处理的检查

检查专利权的计价和摊销是否准确；检查有无扩大加计扣除无形资产成本；检查处置无形资产时是否冲抵了累计摊销；是否计提了无形资产减值准备。

（四）长期待摊费用税务处理的检查

检查固定资产改良支出的正确性，有无将其他固定资产维修支出列入改建支出；改良支出摊销是否正确；其他当做长期待摊费用的支出摊销期是否低于 3 年。

所得税——资产税务处理的检查

<table>
<tr><td colspan="4">1. 固定资产税务处理</td></tr>
<tr><td rowspan="2">计税基础</td><td>大额固定资产名称</td><td>有无取得发票</td><td>有无对外投资</td></tr>
<tr><td></td><td></td><td></td></tr>
<tr><td rowspan="10">折旧检查</td><td rowspan="4">折旧基数</td><td>有无不允许提折旧固定资产</td><td></td></tr>
<tr><td>双倍余额法是否按净值折旧</td><td></td></tr>
<tr><td>年数总和法有无不扣净残值</td><td></td></tr>
<tr><td>缩短年限的有无低于税法规定最低的 60%</td><td></td></tr>
<tr><td rowspan="3">折旧方法</td><td>同一年度内有无变换</td><td></td></tr>
<tr><td>加速折旧是否合规</td><td></td></tr>
<tr><td>折旧率明显偏高项目的偏高原因</td><td></td></tr>
<tr><td rowspan="2">折旧计算和分配</td><td>重新计算折旧</td><td></td></tr>
<tr><td>对应成本科目是否正确</td><td></td></tr>
<tr><td>处置时折旧的处理</td><td>是否冲抵了折旧</td><td></td></tr>
</table>

2. 无形资产税务处理

无形资产名称	原值	摊销年限	本期摊销额

3. 长期待摊费用的税务处理

<table>
<tr><td rowspan="3">固定资产改良支出</td><td>有无含维修支出</td><td colspan="2"></td></tr>
<tr><td>原值</td><td>摊销年限</td><td>本期摊销额</td></tr>
<tr><td></td><td></td><td></td></tr>
<tr><td rowspan="3">其他长期待摊费用</td><td>是否有低于 3 年摊销项目</td><td></td><td></td></tr>
<tr><td>原值</td><td>摊销年限</td><td>本期摊销额</td></tr>
<tr><td></td><td></td><td></td></tr>
<tr><td>评价</td><td colspan="3"></td></tr>
</table>

附：企业所得税税前扣除规定一览表

费用类别	扣除标准 / 限额比例	说明事项（限额比例的计算基数，其他说明事项）	政策依据
职工工资	据实	任职或受雇，合理	《企业所得税法实施条例》第 34 条
	加计 100% 扣除	支付残疾人员的工资	《企业所得税法》第 30 条 《企业所得税法实施条例》第 96 条 《财政部、国家税务总局关于安置残疾人员就业有关企业所得税优惠政策问题的通知》（财税〔2009〕70 号）
职工福利费	14%	工资薪金总额	《企业所得税法实施条例》第 40 条 《国家税务总局关于企业工资薪金及职工福利费扣除问题的通知》（国税函〔2009〕3 号）
职工教育经费	2.5%	工资薪金总额；超过部分，准予在以后纳税年度结转扣除	《企业所得税法实施条例》第 42 条

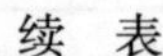

费用类别	扣除标准 / 限额比例	说明事项（限额比例的计算基数，其他说明事项）	政策依据
	8%	经认定的技术先进型服务企业	《财政部、国家税务总局、商务部、科技部、国家发展改革委关于技术先进型服务企业有关企业所得税政策问题的通知》（财税〔2010〕65 号）
	全额扣除	软件生产企业的职工培训费用	《财政部、国家税务总局关于企业所得税若干优惠政策的通知》（财税〔2008〕1 号）
职工工会经费	2%	工资薪金总额；由工会组织开具的《工会经费收入专用收据》和税务机关代收工会经费凭据扣除	《企业所得税法实施条例》第 41 条 《关于工会经费企业所得税税前扣除凭据问题的公告》（国家税务总局公告 2010 年第 24 号） 《关于税务机关代收工会经费企业所得税税前扣除凭据的公告》（国家税务总局公告 2011 年第 30 号）
业务招待费	（60%、5‰）	发生额的 60%，销售或营业收入的 5‰；股权投资业务企业分回的股息、红利及转让收入可作为收入计算基数	《企业所得税法实施条例》第 43 条 《关于贯彻落实企业所得税法若干税收问题的通知》（国税函〔2010〕79 号）
广告费和业务宣传费	15%	当年销售（营业）收入，超过部分向以后年度结转	《企业所得税法实施条例》第 43 条
	30%	当年销售（营业）收入；化妆品制造、医药制造、饮料制造（不含酒类制造）企业	《关于部分行业广告费和业务宣传费税前扣除政策的通知》（财税〔2009〕72 号）（注：该文执行至 2010 年 12 月 31 日止，目前无新政策规定）
广告费和业务宣传费	不得扣除	烟草企业的烟草广告费	同上

续　表

费用类别	扣除标准 / 限额比例	说明事项（限额比例的计算基数，其他说明事项）	政策依据
捐赠支出	12%	年度利润（会计利润）总额；公益性捐赠；有捐赠票据，名单内所属年度内可扣，会计利润≤0不能算限额	《企业所得税法》第9条 《企业所得税法实施条例》第53条 《关于公益性捐赠税前扣除有关问题的通知》（财税〔2008〕160号）、《关于公益性捐赠税前扣除有关问题的补充通知》（财税〔2010〕45号）、《国家税务总局关于企业所得税执行中若干税务处理问题的通知》（国税函〔2009〕202号）、《财政部、海关总署、国家税务总局关于支持玉树地震灾后恢复重建有关税收政策问题的通知》（财税〔2010〕59号）和《财政部、海关总署、国家税务总局关于支持舟曲灾后恢复重建有关税收政策问题的通知》（财税〔2010〕107号）。目前为止，企业只有发生为汶川地震灾后重建、举办北京奥运会、上海世博会和玉树地震、甘肃舟曲特大泥石流灾后重建五项特定事项的捐赠，可以据实在当年企业所得税前全额扣除（对玉树、舟曲分别是从2010年4月14日起、2010年8月8日起执行至2012年12月31日止）。其他公益性捐赠一律按照规定计算扣除
利息支出（向企业借款）	据实（非关联企业向金融企业借款）	非金融向金融借款的利息支出、金融企业的各项存款利息支出和同业拆借利息支出、企业经批准发行债券的利息支出	《企业所得税法实施条例》第38条第（一）项 《国家税务总局关于企业所得税若干问题的公告》（国家税务总局公告〔2011〕34号）
	同期同类范围内可扣（非关联企业间借款）	非金融向非金融，不超过同期同类计算数额，并提供“金融企业的同期同类贷款利率情况说明”	《企业所得税法实施条例》第38条第（二）项 《国家税务总局关于企业向自然人借款的利息支出企业所得税税前扣除问题的通知》（国税函〔2009〕777号）

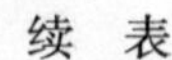
续表

费用类别	扣除标准/限额比例	说明事项（限额比例的计算基数，其他说明事项）	政策依据
利息支出（向企业借款）	权益性投资5倍或2倍内可扣（关联企业借款）	金融企业债权性投资不超过权益性投资的5倍内，其他业2倍内	《企业所得税法》第46条 《企业所得税法实施条例》第119条 《财政部、国家税务总局关于企业关联方利息支出税前扣除标准有关税收政策问题的通知》（财税〔2008〕121号） 《特别纳税调整实施办法（试行）》（国税发〔2009〕2号）
	据实扣（关联企业付给境内关联方的利息）	提供资料证明交易符合独立交易原则或企业实际税负不高于境内关联方	同上
利息支出（向自然人借款）	同期同类范围内可扣（无关联关系）	同期同类可扣并签订借款合同	《企业所得税法实施条例》第38条 《国家税务总局关于企业向自然人借款的利息支出企业所得税税前扣除问题的通知》（国税函〔2009〕777号）
	权益性投资5倍或2倍内可扣（有关联关系自然人）		《企业所得税法》第46条 《企业所得税法实施条例》第119条 《财政部、国家税务总局关于企业关联方利息支出税前扣除标准有关税收政策问题的通知》（财税〔2008〕121号） 《特别纳税调整实施办法（试行）》（国税发〔2009〕2号）
	据实扣（有关联关系自然人）	能证明关联交易符合独立交易原则	同上
利息支出（规定期限内未缴足应缴资本额的）	部分不得扣除	不得扣除的借款利息＝该期间借款利息额×该期间未缴足注册资本额/该期间借款额	《国家税务总局关于企业投资者投资未到位而发生的利息支出企业所得税前扣除问题的批复》（国税函〔2009〕312号）
非银行企业所得税税款	不得扣除		《企业所得税法实施条例》第10条

续　表

费用类别	扣除标准 / 限额比例	说明事项（限额比例的计算基数，其他说明事项）	政策依据
未经核定准备金	不得扣除		《企业所得税法实施条例》第 10 条 《财政部、国家税务总局关于证券行业准备金支出企业所得税税前扣除有关问题的通知》（财税〔2009〕33 号） 《财政部、国家税务总局关于保险公司准备金支出企业所得税税前扣除有关问题的通知》（财税〔2009〕48 号） 《财政部、国家税务总局关于中国银联股份有限公司特别风险准备金税前扣除有关问题的通知》（财税〔2010〕25 号） （注：以上文件执行至 2010 年 12 月 31 日止，目前无新政策规定）
固定资产折旧	规定范围内可扣	不超过最低折旧年限	《企业所得税法》第 11 条 《企业所得税法实施条例》第 57 ~ 60 条
生产性生物资产折旧	规定范围内可扣	林木类 10 年，畜类 3 年	《企业所得税法实施条例》第 62 ~ 64 条
无形资产摊销	不低于 10 年分摊	一般无形资产	《企业所得税法》第 12 条 《企业所得税法实施条例》第 65 ~ 67 条
	法律或合同约定年限分摊	投资或受让的无形资产	《企业所得税法实施条例》第 67 条
	不可扣除	自创商誉；外购商誉的支出，在企业整体转让或清算时扣除	《企业所得税法》第 12 条 《企业所得税法实施条例》第 67 条
	不可扣除	与经营活动无关的无形资产	《企业所得税法》第 12 条

续 表

费用类别	扣除标准/限额比例	说明事项（限额比例的计算基数，其他说明事项）	政策依据
长期待摊费用	限额内可扣	1. 已足额提取折旧的房屋建筑物改建支出，按预计尚可使用年限分摊	《企业所得税法》第 13 条 《企业所得税法实施条例》第 68 条
		2. 透入房屋建筑物的改建支出，按合同约定的剩余租赁期分摊	《企业所得税法》第 13 条 《企业所得税法实施条例》第 68 条
		3. 固定资产大修理支出，按固定资产尚可使用年限分摊	《企业所得税法》第 13 条 《企业所得税法实施条例》第 69 条
长期待摊费用	限额内可扣	4. 其他长期待摊费用，摊销年限不低于 3 年	《企业所得税法》第 13 条 《企业所得税法实施条例》第 70 条
资产损失	实际资产损失、法定资产损失	清单申报和专项申报两种申报形式申报扣除	《企业所得税法》第 8 条 《企业所得税法实施条例》第 32 条 《财政部、国家税务总局关于企业资产损失税前扣除政策的通知》（财税〔2009〕57 号） 《国家税务总局关于发布〈企业资产损失所得税税前扣除管理办法〉的公告》（国家税务总局公告 2011 年第 25 号）
开办费	可以扣除	开始经营当年一次性扣除或作为长期待摊费用摊销	《国家税务总局关于企业所得税若干税务事项衔接问题的通知》（国税函〔2009〕98 号）
低值易耗品摊销	据实		
审计及公证费	据实		

续　表

费用类别	扣除标准 / 限额比例	说明事项（限额比例的计算基数，其他说明事项）	政策依据
研究开发费用	加计扣除（未形成无形资产的），在被扣除的基础上按研发费用的 50% 加计扣除，形成无形资产的，按成本的 150% 摊销	从事国家规定项目的研发活动发生的研发费，年度汇算时向税务局申请加计扣除	《企业所得税法》第 30 条 《企业所得税法实施条例》第 95 条 《企业研究开发费用税前扣除管理办法（试行）》（国税发〔2008〕116 号）
税金	可以扣除	所得税和增值税不得扣除	
营业机构间支付利息	不得扣除		《企业所得税法实施条例》第 49 条
住房公积金	据实扣除	规定范围内	《企业所得税法实施条例》第 35 条
罚款、罚金和被没收财物损失	不得扣除		《企业所得税法实施条例》第 10 条
税收滞纳金	不得扣除		《企业所得税法实施条例》第 10 条
赞助支出	不得扣除		《企业所得税法实施条例》第 10 条
各类基本社会保障性缴款	据实扣除	规定范围内（“五险一金”）	《企业所得税法实施条例》第 35 条
补充养老保险	5%	工资总额	《企业所得税法实施条例》第 35 条 《财政部、国家税务总局关于补充养老保险费、补充医疗保险费有关企业所得税政策问题的通知》（财税〔2009〕27 号）
补充医疗保险	5%	工资总额	同上
与取得收入无关的支出	不得扣除		《企业所得税法》第 10 条

续 表

费用类别	扣除标准/限额比例	说明事项（限额比例的计算基数，其他说明事项）	政策依据
不征税收入用于支出所形成的费用	不得扣除	包括不征税收入用于支出所形成的财产，不得计算对应的折旧、摊销扣除	《企业所得税法实施条例》第28条
环境保护、生态保护等专项资金	据实扣除	按规定提取；改变用途的不得扣除	《企业所得税法实施条例》第45条
财产保险	据实扣除		《企业所得税法实施条例》第46条
特殊工种职工人身安全险	可以扣除		《企业所得税法实施条例》第36条
其他商业保险	不得扣除	国务院财政、税务主管部门规定可以扣除的除外	《企业所得税法实施条例》第36条
租入固定资产的租赁费	按租赁期均匀扣除	经营租赁租入	《企业所得税法实施条例》第47条
租入固定资产的租赁费	分期扣除	融资租入构成融资租入固定资产价值的部分可提折旧	《企业所得税法实施条例》第47条
劳动保护支出	据实扣除		《企业所得税法实施条例》第48条
企业间支付的管理费（如上缴总机构管理费）	不得扣除		《企业所得税法实施条例》第49条
企业内营业机构间支付的租金	不得扣除		《企业所得税法实施条例》第49条

续　表

费用类别	扣除标准 / 限额比例	说明事项（限额比例的计算基数，其他说明事项）	政策依据
企业内营业机构间支付的特许权使用费	不得扣除		《企业所得税法实施条例》第 49 条
向投资者支付的股息、红利等权益性投资收益	不得扣除		《企业所得税法实施条例》第 10 条
咨询、诉讼费	据实扣除		
差旅费	据实扣除		
会议费	据实扣除	会议纪要等证明真实的材料	
工作服饰费用	据实扣除		
运输、装卸、包装费等费用	据实扣除		
印刷费	据实扣除		
邮电费	据实扣除		
租赁费	据实扣除		
水电费	据实扣除		
取暖费 / 防暑降温费	并入福利费算限额	属职工福利费范畴，福利费超标需调增	
公杂费	据实扣除		
车船燃料费	据实扣除		
交通补贴及员工交通费	2008 年以前并入工资，2008 年以后的并入福利费算限额	2008 年以前计入工资总额同时缴纳个税；2008 年以后的则作为职工福利费	
手续费和佣金支出	5%（一般企业）	按服务协议或合同确认的收入金额的 5% 算限额，企业须转账支付，否则不可扣	《财政部、国家税务总局关于企业手续费及佣金支出税前扣除政策的通知》（财税〔2009〕29 号）

续 表

费用类别	扣除标准/限额比例	说明事项（限额比例的计算基数，其他说明事项）	政策依据
	15%（财产保险企业）	按当年全部保费收入扣除退保金等后余额的15%算限额	同上
	10%（人身保险企业）	按当年全部保费收入扣除退保金等后余额的10%算限额	同上
	不得扣除	为发行权益性证券支付给有关证券承销机构的手续费及佣金	同上
电子设备转运费	据实扣除		
修理费	据实扣除		
安全防卫费	据实扣除		
董事会费	据实扣除		
绿化费	据实扣除		
农业巨灾风险准备金（保险公司）	25%	本年保费收入的25%，适用经营中央财政和地方财政保费补贴的种植业险种	《财政部、国家税务总局关于保险公司提取农业巨灾风险准备金企业所得税税前扣除问题的通知》（财税〔2009〕110号）
煤矿企业维简费支出	实际发生扣除	属于收益性支出的，可直接作为当期费用在税前扣除；属于资本性支出的，应计入有关资产成本，并按企业所得税法规定计提折旧或摊销费用在税前扣除	《国家税务总局关于煤矿企业维简费和高危行业企业安全生产费用企业所得税税前扣除问题的公告》（国家税务总局公告〔2011〕第26号）
高危行业企业安全生产费用支出	预提不得在税前扣除		
交易所会员年费	据实扣除	票据	
交易席位费摊销	按10年分摊		
同业公会会费	据实扣除	票据	
信息披露费	据实扣除		
公告费	据实扣除		
其他	视情况而定		

企业所得税税前扣除明细表（有比例限制部分）

项目	备注	金额	比例	基数项目						扣除金额	调增（减）
				工资金额	收入金额	年度会计利润	当年保费收入	担保责任余额	退保金		
职工工资	安置残疾人工资可 100% 加计扣除		100%	残疾人工资：							
职工福利费	工资总额 14% 限额扣除		14%	—						—	—
职工教育经费	一般企业		2.50%	—						—	—
	经计定的技术先进型服务企业		8%	—						—	—
	软件生产企业职工培训费		100%	—						—	—
工会经费			2%	—						—	—
业务招待费	发生额 60%，不超营业收入的 0.5%		60%、0.5%	—						—	—
广告宣传费	一般企业		15%	—	—					—	—
	化妆品制造、医药制造、饮料制造		30%	—	—					—	—
	不得扣除		0%	—	—					—	—
捐赠支出	通过公益性社会团体或县级（含）以上人民政府及其部门		12%	—	—					—	—
研发费用	未形成无形资产的研发费用		50%	—	—					—	—
补充养老保险			5%	—	—					—	—
补充医疗保险			5%	—	—					—	—

续 表

项目	备注	金额	比例	基数项目							扣除金额	调增（减）
				工资金额	收入金额	年度会计利润	当年保费收入	担保责任余额		退保金		
手续费和佣金支出	一般企业		5%	—	—						—	—
	财产保险企业		15%	—	—						—	—
	人身保险企业		10%	—	—						—	—
	为发行权益性证券支付的		0%	—	—						—	—
投资者保护基金	比例需确定			—	—						—	—
贷款损失准备金（金融企业）	关注类贷款		2%								—	—
	次级类贷款		25%								—	—
	可疑类贷款		50%								—	—
	损失类贷款		100%								—	—
农业巨灾风险准备金	保险公司，适用经营中央财政地方财政保费补贴的种植业		25%								—	—
担保赔偿准备	中小企业信用担保机构		1%								—	—
未到期责任准备	中小企业信用担保机构		50%								—	—
利息支出	非关联企业向金融企业借款		100%								—	—
	同期同类范围内可扣											
	能证明交易符合独立交易原则		100%								—	—

六、应纳税所得额及应纳税所得额的检查

（一）应纳税所得额的检查

在前述收入成本检查的基础上，首先，检查利润的结转、计算和应纳税所得额申报调整的正确性。

其次，对存在不征税收入的企业，核实企业费用或资产是否为不征税收入形成的。

最后，检查以前年度损益调整科目，核实以前年度损益事项是否进行了纳税调整。

所得税—应纳税所得额及应纳税额的检查

1. 应纳税所得额的检查				
利润结转额	金额		申报数	
不征税收入	收入金额		不征税收入形成的成本	
以前年度损益	金额		以前年度是否纳税调整	
弥补亏损	前期结转的可弥补亏损额			
减免所得额情况	政策			是否符合
	减免额度			
调整后应纳税所得额				
2. 应纳税额的检查				
小型微利企业	适用条件	工业	商业	是否符合条件
	资产总额			
	应纳税所得额			
	从业人数			
减免税	检查是否有批文		减免额	
调整后预计应纳税额				

（二）应纳税额的检查

（1）对于小型微利企业，检查其适用低税率的条件。

（2）存在减免税所得额的，检查是否符合政策文件。

（3）有境外所得已纳税款的，检查抵免范围和方法是否符合规定，是否需补缴税款。

（4）检查投资收益是否按规定进行税务处理。

（5）检查所得税额缴纳情况，核实需补缴或退还的税款。

七、亏损和减免税的检查

（一）弥补亏损的检查

（1）检查弥补年限是否正确，是否连续计算 5 年，有无间断计算的情况。

（2）审核纳税申报表和财务报表，检查其申报的税前亏损是否正确，是否按税法规定调整后的亏损金额。

（3）税务机关查征的计税所得是否增加了弥补亏损所得额。

（二）减免税的检查

（1）对照具体的减免税项目，核实生产经营是否发生变化，是否不再符合减免税条件。

（2）检查执行减免所得税后的执行期限是否正确。

（3）检查减免税批文。

（4）检查减免税项目账簿，有无将非减免税项目列入减免税项目核算，减免税的金额是否正确。

企业享受所得税税收优惠政策调查表

纳税人识别号			纳税人名称				
注册登记类型			行业				
资产总额			从业人数				
减免大类	减免项目明细代码	企业所得税税收优惠项目明细表	减免金额（元）	减免税额（元）	优惠期限	是否审批或备案	
一、免税收入	101	国债利息收入					
	102	符合条件的居民企业之间的股息、红利等权益性投资收益					
	103	符合条件的非营利组织的收入					
	104	保险保障基金					
	105	中非发展基金					
	106	证券投资基金收益					
	107	地方政府债券利息收入					
	108	经营有线电视网络的事业单位收视费收入和安装费收入					
	109	地方商品储备收入					
	110	中国储备粮管理总公司及其直属粮库取得的财政补贴收入					
	111	股权分置改革收入					
	112	其他					
二、减计收入	201	企业综合利用资源，生产符合国家产业政策规定的产品所取得的收入					
	202	铁路建设债券利息收入					
	203	金融机构农村小额贷款利息收入					
	204	其他					
三、加计扣除	301	开发新技术、新产品、新工艺发生的研究开发费用					
	302	安置残疾人员所支付的工资					
	303	国家鼓励安置的其他就业人员支付的工资					
	304	其他					

续 表

减免大类	减免项目明细代码	企业所得税税收优惠项目明细表	减免金额（元）	减免税额（元）	优惠期限	是否审批或备案
四、减免所得额	401	蔬菜、谷物、薯类、油料、豆类、棉花、麻类、糖料、水果类、坚果的种植				
	402	农作物新品种的选育				
	403	中药材的种植				
	404	林木的培育和种植				
	405	牲畜、家禽的饲养				
	406	林产品的采集				
	407	灌溉、农产品初加工、兽医、农技推广、农机作业和维修等农、林、牧、渔服务业项目				
	408	远洋捕捞				
	409	花卉、茶以及其他饮料作物和香料作物的种植				
	410	海水养殖、内陆养殖				
	411	从事国家重点扶持的公共基础设施项目投资经营的所得				
	412	从事符合条件的环境保护、节能节水项目的所得				
	413	符合条件的技术转让所得				
	414	其他				
五、减免税额	501	符合条件的小型微利企业				
	502	国家需要重点扶持的高新技术企业				
	503	民族自治地方的企业应缴纳的企业所得税中属于地方分享的部分				
	504	过渡期税收优惠				
	505	新办软件企业				
	506	集成电路企业				
	507	动漫企业（两免三减半）				

续　表

减免大类	减免项目明细代码	企业所得税税收优惠项目明细表	减免金额（元）	减免税额（元）	优惠期限	是否审批或备案
五、减免税额	508	生产和装配伤残人员专门用品企业				
	509	节能服务公司				
	510	文化体制改革				
	511	下岗再就业				
	512	国家重点农业龙头企业				
	513	监狱、劳教企业				
	514	其他				
六、创业投资企业抵扣的应纳税所得额	601	创业投资企业抵扣的应纳税所得额				
	602	其他				
七、抵免所得税额	701	企业购置用于环境保护专用设备的投资额抵免的税额				
	702	企业购置用于节能节水专用设备的投资额抵免的税额				
	703	企业购置用于安全生产专用设备的投资额抵免的税额				
	704	购进国产设备抵免				
	705	其他				
八、加速折旧（摊销）	801	固定资产加速折旧				
九、其他	901	软件企业退税				
	902	安置残疾人员的企业返还的增值税				
	903	其他				

八、所得税检查综合案例（工业企业）：

（一）检查基本情况

1. 资产情况

固定资产总值600万元，其中车间拥有500万元（300万元的机器设备，200万元的房屋建筑物）；厂部管理部门拥有100万元，为房屋建筑物。计提折旧时未留残值。

2. 年累计损益表数据

年累计损益表　　单位：万元

项目	金额
主营业务收入	900
减：主营业务成本	550
主营业务税金及附加	6
主营业务利润	344
加：其他业务利润	56
减：营业费用	40
管理费用	70
财务费用	30
营业利润	260
加：投资收益	45
营业外收入	12
减：营业外支出	17
利润总额	300

（二）与纳税有关的资料

1. 有账户有关的资料

（1）主营业务成本中明细成本

①直接工资总额108万元，福利费18.12万元；

②辅助生产工资总额18万元，福利费2.52万元；

③制造费用工资总额15万元，福利费2.1万元，折旧费48万元，其中房屋建筑物原值200万元，按8%提折旧，共计折旧16万元，机器设备原值300万元，按10%提折旧，共计折旧30万元。

（2）期间费用相关资料

①工资费用37万元，福利费5.18万元；

②房屋建筑物等非生产用固定资产原值100万元，按8%计提折旧，共提取折旧8万元；

③管理费用中业务招待费5万元；

④工会经费4万元，职工教育费2.67万元；

⑤财务费用中支付非金融机构借款的利息支出7.5万元（借款于本年6月底归还，数额100万元，按15%的年利率支付利息）。

（3）营业外支出相关资料

①本期因排污处理不当，被环保部门罚款1万元；

②本期向国家希望工程捐款5万元，通过非营利性社会团体向卫生部门捐赠3万元，向贫困地区直接捐赠2万元；

③向其他单位支付赞助费1万元。

2. 与纳税有关的其他资料

（1）已计提工资178万元，全部支付；

（2）职工福利费、工会经费、职工教育费未经计提直接支付；

（3）金融企业同期同类贷款利率10%；

（4）用于公益、救济性的捐赠在会计利润的12%范围之内的部分准予扣除；

（5）作为业务招待费的计提基数营业收入为1000万元，无视同销售；

（6）固定资产折旧计入扣除范围的标准为：生产用房屋建筑物的折旧率为5%，机器设备折旧率为10%，生活用房建筑物折旧率为5%。

（三）检查分析与调整

1. 工资项目的检查分析与调整

按实付列支178元，不需要纳税调整。

2. 职工福利费、工会经费、职工教育费项目的检查分析与调整

按税法规定，这三项费用都应以计税工资总额为计算依据，所以三项费用可扣除数额为：职工福利费为178×14%=24.92万元；工会经费为178×2%=3.56万元；职工教育费为178×2.5%=4.45万元。三项费用合计数为32.93（24.92+3.56+4.45）万元。企业实际发生上述三项费用金额为：职工福利费为27.92（2.52+18.12+2.1+5.18）万元，高于允许扣除金额3万元；工会经费为4万元，高于允许扣除金额0.44万元；职工教育费为2.67万元，低于允许扣除的金额，无调整。共计应调整增加应税所得3.44万元。

3. 折旧费项目的检查分析与调整

按照前述企业固定资产提取折旧的标准，企业本期应扣除折旧费用如下：生产用房屋建筑应计提折旧额为200×5%=10万元，生产用机器设备应计提折旧额为300×10%=30万元；生活用房屋建筑物应计提折旧额为100×5%=5万元；总计应计提折旧额为45（10+30+5）万元。但据企业的实际资料可知，企业实际提取的折旧额为54万元（生产车间房屋建筑物16万元，生产设备30万元，厂部生活用房屋建筑物8万元），两者的差额9（54–45）万元即为调整项目金额。

4. 业务招待费项目的检查分析与调整

按税法规定，纳税人发生的与其经营业务直接相关的业务招待费，取下列二者孰低可据实扣除：营业收入的0.5%和实际发生业务招待费的60%。该企业全年计算扣除限额的营业收入为1000万元，营业收入的0.5%为5万元；实际发生招待费5万元，60%为3万元。取其低者3万元税前扣除，纳税调整增加2万元。

5. 利息支出项目的检查分析与调整

本期支付非金融机构的借款利息而计入财务费用账户的数额为7.5万元，但按金融企业同期同类贷款利率10%的水平，其计入财务费用数额高于准许扣除数额，高出的数额应予调整，高出准予扣除数额为100×15%×6/12−100×10%　×6/12=2.5万元。

6. 其他项目的检查分析与调整

（1）因排污处理不当罚款的1万元，不允许在税前扣除；

（2）向希望工程和通过非营利性的社会团体向卫生部门捐赠8万元属公益救济性捐赠，在会计利润300万元的12%范围内可以扣除，不需调整。直接向穷困地区捐赠的2万元，向其他单位支出赞助费1万元不允许扣除，应全额调整。

合计调整增加额为4万元。

上述各项调整后，企业本年度应纳税所得额为企业账面利润总额±税收调整项目金额=300+3.44+9+2+2.5+4=320.94万元。

第二节　个人所得税检查

一、个人所得税简介

个人所得税是国家对本国公民、居住在本国境内的个人的所得和境外个人来源于本国的所得征收的一种所得税。多年来历经改革，2011 年，工资薪金个人所得税免征额从 2000 元提高到 3500 元，同时，将个人所得税第 1 级税率由 5% 修改为 3%，9 级超额累进税率修改为 7 级，取消 15% 和 40% 两档税率，扩大 3% 和 10% 两个低档税率的适用范围。2012 年 7 月 22 日，中央政府有关部门已经准备在 2012 年启动全国地方税务系统个人信息联网工作，为“按家庭征收个人所得税”改革做好技术准备。此前业内一直呼吁的综合税制有望在未来实现。

（一）证税对象

境内居住有所得的人，以及不在中国境内居住而从中国境内取得所得的个人，包括中国国内公民，在华取得所得的外籍人员和港、澳、台同胞。

在中国境内有住所，或者无住所而在境内居住满一年的个人，是居民纳税义务人，应当承担无限纳税义务，即就其在中国境内和境外取得的所得，依法缴纳个人所得税。

在中国境内无住所又不居住或者无住所而在境内居住不满一年的个人，是非居民纳税义务人，承担有限纳税义务，仅就其从中国境内取得的所得，依法缴纳个人所得税。

境外人士获取中国境内所得是否征收个人所得税一览表

中国境内居住时间	雇员职位	境内所得境内支付或负担	境内所得境外支付或负担	境外所得境内支付或负担	境外所得境外支付或负担
不超过90日或183日	一般雇员	征	不征	不征	不征
	高层管理人员	征	不征	征	不征
超过90日或183日	一般雇员	征	征	不征	不征
	高层管理人员	征	征	征	不征
满1年但不满5年	所有人	征	征	征	不征
		征	征	征	不征
超过5年	所有人	征	征	征	征

（二）证税范围和适用税率

（1）工资薪金

适用7级超额累进税率，按月应纳税所得额计算征税。该税率按个人月工资、薪金应税所得额划分级别，最高一级为45%，最低一级为3%，共7级。

工资薪金所得个人所得税率表　　单位：元

级数	含税级距	不含税级距	税率（%）
1	≤1500	≤1455	3
2	1500 ~ 4500	1455 ~ 4155	10
3	4500 ~ 9000	4155 ~ 7755	20
4	9000 ~ 35000	7755 ~ 27255	25
5	35000 ~ 55000	27255 ~ 41255	30
6	55000 ~ 80000	41255 ~ 57505	35
7	>800000	>57505	45

注：1. 本表所列含税级距与不含税级距，均为按照税法规定减除有关费用后的所得额；

2. 含税级距适用于由纳税人负担税款的工资、薪金所得；不含税级距适用于由他人（单位）代付税款的工资、薪金所得。

（2）个体工商户生产经营所得。

（3）对企事业单位的承包经营、承租经营所得。

（2）和（3）适用5级超额累进税率。适用按年计算、分月预缴税款。全年应纳税所得额划分级别，最低一级为5%，最高一级为35%。

个体工商户、经营所得和对企业事业单位的承包经营所得个人所得税率表 单位：元

级数	含税级距	不含税级距	税率（%）	速算扣除数
1	≤ 15000	≤ 14250	5	0
2	15000 ~ 30000	14250 ~ 27750	10	750
3	30000 ~ 60000	27750 ~ 51750	20	3750
4	60000 ~ 100000	51750 ~ 79750	30	9750
5	>100000	>79750	35	14750

注：1. 本表所列含税级距与不含税级距，均为按照税法规定以每一纳税年度的收入总额减除成本、费用以及损失后的所得额；

2. 含税级距适用于个体工商户的生产、经营所得和由纳税人负担税款的对企事业单位的承包经营、承租经营所得；不含税级距适用于由他人（单位）代付税款的对企事业单位的承包经营、承租经营所得。

（4）劳务报酬所得。

（5）稿酬所得。

（6）特许权使用费所得。

（7）利息、股息、红利所得。

（8）财产租赁所得。

（9）财产转让所得。

（10）偶然所得。

（11）其他所得。

（4）~（10）按次计算征收个人所得税，适用20%的比例税率。其中，对稿酬所得适用20%的比例税率，并按应纳税额减征30%，实际税负为14%。对劳务报酬所得一次性收入畸高的，除按20%的税率征税外，应纳税所得额超过2万~5万元的部分，依照税法规定计算应纳税额后再按照应纳税额加征五成；超过5万元的部分，加征十成。

劳务报酬个人所得税税率表

单位：元

级数	含税级距	不含税级距	税率（%）	速算扣除数
1	≤ 20000	≤ 16000	20	0
2	20000~50000	16000~37000	30	2000
3	>50000	>37000	40	7000

稿酬个人所得税计算表

收入（元）	扣除数	税率（%）	优惠比例（%）	应纳税额计算
< 4000	800	20	30	（收入 –800）×20%×（1–30%）
≥ 4000	收入 ×20%	20	30	收入 ×（1–20%）×20%×（1–30%）

特许权使用费个人所得税计算表

收入（元）	扣除数	税率（%）	应纳税额计算
< 4000	800	20	（收入 –800）×20%
≥ 4000	收入 ×20%	20	收入 ×（1–20%）×20%

利息、股息、红利个人所得税计算表

收入（元）	税率（%）	应纳税额计算
每次收入	20	收入 ×20%

财产租赁个人所得税计算表

单位：元

月收入	准予扣除项目	修缮费用	扣除费用	税率（%）	应纳所得税
< 4000	租赁发生的税费	据实（800 为限）	800	20	（月收入 – 准予扣除项目 – 修缮费用 –800）×20%
≥ 4000			20%	20	（月收入 – 准予扣除项目 – 修缮费用 – 收入）×（1–20%）×20%

注：1. 修缮费用超过 800 元结转以后月份扣除。

2. 财产租赁所得适用税率是 20%，个人按市价出租房屋税率为 10%。

3. 发生转租的，公式中准予扣除的项目还有支付的租金。

财产租赁个税税前扣除项目的顺序为：租赁过程中缴纳的税费→向出租方支付的租金→实际开支修缮费用→税法规定扣除标准。

财产转让所得个人所得税计算表

收入总额	财产原值	合理税费	适用税率（%）	应纳所得税
转让收入	财产原值	交易税费	20	（转让收入－财产原值－合理税费）×20%

偶然所得、其他所得个人所得税计算表

收入	捐赠扣除	适用税率（%）	应纳所得税
一次偶然所得	捐赠扣除额	20	（偶然所得－捐赠扣除额）×20%
一次其他所得		20	其他所得 ×20%

二、 个人所得税的检查

（一）检查扣缴义务人

1. 相关规定

个人所得税以支付所得的单位或者个人为扣缴义务人，扣缴义务人应当按照国家规定办理全员全额扣缴申报。

扣缴义务人在向个人支付应税款项时，应当依照税法规定代扣税款，按时缴库，并专项记载备查。此处所说的支付，包括现金支付、汇拨支付、转账支付和以有价证券、实物以及其他形式的支付。

2. 检查内容

（1）扣缴义务人是否按规定代扣税款。

（2）代扣的税款是否按规定期限解缴入库。

3. 检查方法

（1）检查"应付职工薪酬""应交税费——应交个人所得税"等明细账，审查职工薪酬发放单，核实职工的月工资、薪金收入，对达到征税标准的，

扣缴义务人是否按规定履行代扣税款义务。

（2）检查“生产成本”“管理费用”“销售费用”等明细账，核查企业是否有支付给临时外聘的技术人员的业务指导费、鉴定费，是否有列支的邀请教授、专家的授课培训费、评审费等，是否按规定履行代扣税款义务。

（二）工资、薪金所得的检查

1. 工资、薪金所得范围的检查

工资、薪金所得，是指个人因任职或者受雇而取得的工资、薪金、奖金、年终加薪、劳动分红、津贴、补贴以及与任职或者受雇有关的其他所得。个人所得的形式，包括现金、实物、有价证券和其他形式的经济利益。所得为实物的，应当按照取得的凭证上所注明的价格计算应纳税所得额；无凭证的实物或者凭证上所注明的价格明显偏低的，参照市场价格核定应纳税所得额。所得为有价证券的，根据票面价格和市场价格核定应纳税所得额。所得为其他形式的经济利益的，参照市场价格核定应纳税所得额。

检查时关注：劳务报酬所得和工资、薪金所得是否混淆；利息、股息、红利所得和工资、薪金所得是否混淆。如存在雇用与被雇用的关系，其所得应按工资、薪金所得的范围征税；如果是独立个人提供有偿劳务，不存在雇用与被雇用的关系，其所得应属于劳务报酬所得的征税范围。

通过检查员工薪酬发放花名册、签订的劳动用工合同和在社保机构缴纳养老保险金的人员名册等相关资料，核实个人与接受劳务的单位是否存在雇用与被雇用的关系，确定其取得的所得是工资、薪金所得还是劳务报酬所得。

检查“应付股利”“应付利息”“财务费用”等账户，对照《扣缴个人所得税税款报告表》《支付个人收入明细表》等，核实企业有无把支付的利息、股息、红利性质的所得按照工资、薪金所得，少代扣代缴个人所得税；是否把不属于减税或免税范围的利息、股息、红利所得作为减税或免税处理，少代扣或未代扣代缴个人所得税。

2. 计税依据的检查

工资、薪金所得，以每月收入额减除费用 3500 元后的余额，为应纳税所得额（外籍人员费用扣除额为 4800 元）。

检查内容：

（1）是否存在利用虚增职工人数分解职工薪酬。

（2）是否存在自行扩大职工薪酬税前扣除。

（3）两处以上收入是否未申报合并纳税。

检查方法：

（1）通过调查人力资源信息资料、签署的劳动合同，社会保险机构的劳动保险信息，结合考勤花名册、岗位生产记录、人员交接班记录等，核实单位的用工人数、用工类别、人员构成结构及分布，要特别注意检查高管人员、外籍人员等高收入者的有关信息；然后审查财务部门"工资结算单"中发放工资人数、姓名与企业的实际人数、姓名是否相符，有无为降低高收入者的工资、薪金收入，故意虚增职工人数、分解降低薪酬，或者编造假的工资结算表，人为调剂薪酬发放月份，以达到少扣缴税款或不扣缴税款的目的。

（2）检查"生产成本""制造费用""管理费用""销售费用""在建工程""应付职工薪酬"（职工福利、非货币性福利、工会经费）等账户，核实通过以上账户发放奖金、补助等情况；同时，注意职工食堂、工会组织等发放的现金伙食补贴、实物福利、节假日福利费等，是否合并计入工资、薪金收入计算扣税。检查企业"应付职工薪酬—职工福利或者非货币性福利""应付职工薪酬—工会经费"等账户，有无对员工采取实物方式发放福利的行为；对企业以"生活补助"名义发放的项目，要逐项审查原始

资料，核对受助人员是否符合条件，有无名为补助、实为变相福利的情况，混同免税所得未扣缴个人所得税。

（3）检查《个人所得税扣缴情况报告表》中的工资、薪金总额与“工资结算单”中的工资总额，检查企业有无按照扣除住房租金、水电费、企业年金等费用后的实发工资扣缴税款的情况。

（4）通过检查劳动保险部门保险缴纳清单和工资明细表，核实企业是否有扩大劳动保险交纳的基数、比率，降低计税依据的问题。如提高住房公积金的缴纳比例，降低个税计税依据。对效益较好的经营单位，要查看是否为员工建立企业年金计划，是否将为员工缴纳的补充商业险等合并计入工资、薪金所得计税。

（5）对单位外派分支机构人员，要通过人力资源部门获取详细的薪酬发放信息，提醒企业从两处或两处以上取得的工资、薪金所得，不能仅就一处所得申报或在两处分别申报，重复扣除税前扣除项目，而应进行合并申报。

（6）检查工资总额和职工福利费中是否列支了职工公务交通、通信费用，是否将员工的公务用车、通信补贴收入，扣除一定标准的公务费用后，按照“工资、薪金”所得项目扣缴个人所得税。

（三）全年一次性奖金的检查

全年一次性奖金是指行政机关、企事业单位等扣缴义务人根据其全年经济效益和对雇员全年工作业绩的综合考核情况，向雇员发放的一次性奖金。一次性奖金也包括年终加薪、实行年薪制和绩效工资办法的单位根据考核情况兑现的年薪和绩效工资。

纳税人取得全年一次性奖金，单独作为一个月工资、薪金所得计算纳税，并按以下计税办法，由扣缴义务人发放时代扣代缴。

1. 先找税率

先将雇员当月内取得的全年一次性奖金，除以 12 个月，按其商数确定适用税率和速算扣除数。如果在发放年终一次性奖金的当月，雇员当月工资薪金所得低于税法规定的费用扣除额，应将全年一次性奖金减除“雇员当月工资薪金所得与费用扣除额的差额”后的余额，再按上述办法确定全年一次性奖金的适用税率和速算扣除数。

2. 全额计税

将雇员个人当月内取得的全年一次性奖金，按上述确定的适用税率和速算扣除数计算征税。计算公式如下：

（1）如果雇员当月工资薪金所得高于（或等于）税法规定的费用扣除额，适用公式为：

应纳税额 = 雇员当月取得全年一次性奖金 × 适用税率 – 速算扣除数

（2）如果雇员当月工资薪金所得低于税法规定的费用扣除额，适用公式为：

应纳税额 =（雇员当月取得全年一次性奖金 – 雇员当月工资薪金所得与费用扣除额的差额）× 适用税率 – 速算扣除数

注意：

（1）对于一个纳税人，一个纳税年度内，此计税办法只能使用一次。

（2）对雇员取得除全年一次性奖金以外的其他各种名目奖金，如半年奖、季度奖、加班奖、先进奖、考勤奖等，一律与当月工资、薪金收入合并，按税法规定缴纳个人所得税。

检查的办法就是核查单位的个人所得税计算明细表，核实是否按税法规定正确计算扣缴税款，是否存在多次使用全年一次性奖金的计税办法，少计税款；是否存在将全年一次性奖金按所属月份分摊、重复减除费用、降低适用税率的现象；或者确定适用税率后，重复扣除“速算扣除数”，

少缴个人所得税。

（四）从雇用单位和派遣单位同时取得工资的检查

1. 规定

分别从雇用单位和派遣单位取得工资、薪金所得的，由雇用单位在支付工资、薪金时，按税法规定减除费用，计算扣缴个人所得税；派遣单位支付的工资、薪金不再减除费用，以支付全额直接确定适用税率，计算扣缴个人所得税。

工资、薪金所得的一部分按照规定需上交派遣单位（介绍单位）的，计税时可以扣除。

2. 检查

凡是由雇用单位和派遣单位分别支付的，应审查纳税义务人提供的两处支付单位的工资、薪金发放单据和完税凭证原件，以及有效的合同或有关证明材料，审核纳税人是否按税法规定将两处取得的工资、薪金收入合并申报个人所得税。

（五）从特定行业取得的工资、薪金的检查

1. 规定

特定行业的工资、薪金所得应纳的税款，可以实行按年计算、分月预缴的方式计征。

所说的特定行业，是指采掘业、远洋运输业、远洋捕捞业以及财政部确定的其他行业。

所说的按年计算、分月预缴的计征方式，是指本条例第四十条所列的特定行业职工的工资、薪金所得应纳的税款，按月预缴，自年度终了之日起 30 日内，合计其全年工资、薪金所得，再按 12 个月平均并计算实际应纳的税款，多退少补。

2. 检查

重点检查特定行业以外的单位有无在计算个人所得税时，将特定行业个人所得税计算方法和适用的费用扣除标准擅自应用，少纳税款的现象。

（六）对个人取得经济补偿的检查

1. 规定

个人因与用人单位解除劳动关系而取得的一次性补偿收入（包括用人单位发放的经济补偿金、生活补助费和其他补助费用），其收入在当地上一年职工平均工资 3 倍数额以内的部分，免征个人所得税；超过的部分按照《国家税务总局关于个人因解除劳动合同取得经济补偿金征收个人所得税问题的通知》的有关规定，计算征收个人所得税。

个人领取一次性补偿收入时按照国家和地方政府规定的比例实际缴纳的住房公积金、医疗保险费、基本养老保险费、失业保险费，可以在计征其一次性补偿收入的个人所得税时予以扣除。

个人按国家和地方政府规定比例实际缴纳的住房公积金、医疗保险金、基本养老保险金、失业保险基金在计税时予以扣除。

个人在解除劳动合同后又再次任职、受雇的，对个人已缴纳个人所得税的一次性经济补偿收入，不再与再次任职、受雇的工资、薪金所得合并计算补缴个人所得税。

解除劳动关系取得的一次性经济补偿收入应纳个人所得税 = {[（一次性经济补偿收入 - 免税收入额 - 实际缴纳的基本社会保险费和住房公积金）÷ 工龄 - 费用扣除额] × 适用税率 - 速算扣除数}× 工龄

2. 检查

通过审核劳动合同，检查职工档案和缴纳劳动保险的时间，以确认解除劳动关系的实际工作年限，确认是否虚构工作年限；到劳动部门、统计部门确认当地上一年度职工平均工资、各项保险金金额，确定是否存在降

低计税收入，少缴或不缴个人所得税的现象；核对离职协议书上的签名，做笔记鉴定，或者询问离职职工本人，确认领取补偿金的真实性。

个人所得税的检查

<table>
<tr><td colspan="5">1. 个人所得税—扣缴义务人的检查</td></tr>
<tr><td rowspan="2">工资、薪金扣缴个税义务</td><td>工资单扣税达标人数</td><td>个税申报人数</td><td>工资成本额</td><td>个税申报所得额</td></tr>
<tr><td></td><td></td><td></td><td></td></tr>
<tr><td rowspan="2">外聘人员扣缴个税义务</td><td>外聘人员</td><td>支付报酬</td><td>计入成本项目</td><td>代扣个税情况</td></tr>
<tr><td></td><td></td><td></td><td></td></tr>
<tr><td colspan="5">2. 工资、薪金所得的检查</td></tr>
<tr><td rowspan="2">工资、薪金所得范围</td><td rowspan="2">关注</td><td>劳务报酬所得和工资、薪金所得是否混淆</td><td></td><td></td></tr>
<tr><td>利息、股息、红利所得和工资、薪金所得是否混淆</td><td></td><td></td></tr>
<tr><td rowspan="4">计税依据</td><td>人事部门从业人数</td><td>工资发放人数</td><td>二者是否相符</td><td>差异原因</td></tr>
<tr><td></td><td></td><td></td><td></td></tr>
<tr><td>是应发工资报税还是实发工资报税</td><td>福利、补贴是否扣税</td><td>补充商业保险是否扣税</td><td>两处以上工资是否重复扣除</td></tr>
<tr><td></td><td></td><td></td><td></td></tr>
<tr><td colspan="5">3. 全年一次性奖金的检查</td></tr>
<tr><td>复核计算正确性</td><td colspan="4">是否多次运用一次性奖金计税办法</td></tr>
<tr><td>评价</td><td colspan="4"></td></tr>
</table>

第七章 资源税类

第一节 资源税的检查

一、资源税相关规定

（一）资源税简介

资源税是以各种应税自然资源为课税对象，为了调节资源级差收入并体现国有资源有偿使用而征收的一种税。资源税在理论上可区分为对绝对矿租课征的一般资源税和对级差矿租课征的级差资源税。级差资源税是国家对开发和利用自然资源的单位和个人，由于资源条件的差别所取得的级差收入课征的一种税，体现在税收政策上称为“普遍征收，级差调节”，即所有开采者开采的所有应税资源都应缴纳资源税；同时，开采中、优等资源的纳税人还要相应多缴纳一部分资源税。

自然资源是生产资料或生活资料的天然来源，包括的范围很广，如矿产资源、土地资源、水资源、动植物资源等。目前，我国的资源税征税范围较窄，仅选择了部分级差收入差异较大、资源较为普遍、易于征收管理的矿产品和盐列为征税范围。随着我国经济的快速发展，对自然资源的合理利用和有效保护将越来越重要，因此，资源税的征税范围应

逐步扩大。

修改后的《中华人民共和国资源税暂行条例实施细则》及配套修改后的《中华人民共和国资源税暂行条例》，自2011年11月1日起施行。

中国目前的资源税征税范围包括矿产品和盐两大类。

前财政部部长谢旭人2012年11月21日在《经济日报》上发表文章，在对党的十八大报告作出解读时，阐述了下一步加快财税体制改革的目标，并提出要进一步推进资源税改革，除尽快推进煤炭资源税从价计征并适当提高税负水平外，未来还将适时把水资源纳入资源税征收范围，促进资源节约和环境保护。

除了水资源未来可能纳入资源税征收范围外，森林资源、草场资源等也可能在未来纳入征收范围。

（二）资源税纳税人

在中华人民共和国领域及管辖海域开采《中华人民共和国资源税暂行条例》规定的矿产品或者生产盐的单位和个人，为资源税的纳税义务人。

收购未税矿产品的单位为资源税的扣缴义务人。

（三）资源税税目和税率

最新的资源税税目税率表

<table>
<tr><th colspan="2">税目</th><th>税率</th></tr>
<tr><td colspan="2">一、原油</td><td>销售额的5%~10%</td></tr>
<tr><td colspan="2">二、天然气</td><td>销售额的5%~10%</td></tr>
<tr><td rowspan="2">三、煤炭</td><td>焦煤</td><td>每吨8~20元</td></tr>
<tr><td>其他煤炭</td><td>每吨0.3~5元</td></tr>
<tr><td rowspan="2">四、其他非金属矿原矿</td><td>普通非金属矿原矿</td><td>每吨或者每立方米0.5~20元</td></tr>
<tr><td>贵重非金属矿原矿</td><td>每千克或者每克拉0.5~20元</td></tr>
<tr><td colspan="2">五、黑色金属矿原矿</td><td>每吨2~30元</td></tr>
</table>

续 表

税目		税率
六、有色金属矿原矿	稀土矿	每吨 0.4~60 元
	其他有色金属矿原矿	每吨 0.4~30 元
七、盐	固体盐	每吨 10~60 元
	液体盐	每吨 2~10 元

表中的原油，是指开采的天然原油，不包括人造石油。

表中的天然气，是指专门开采或者与原油同时开采的天然气。

表中的煤炭，是指原煤，不包括洗煤、选煤及其他煤炭制品。

表中的其他非金属矿原矿，是指上列产品和井矿盐以外的非金属矿原矿。

表中的固体盐，是指海盐原盐、湖盐原盐和井矿盐。

表中的液体盐，是指卤水。

（四）资源税计税金额和课税数量

1. 计税金额

目前在资源税征收税目中的资源主要有七大类，其中原油跟天然气实行从价定率，按销售额的 5% ~ 10%，其他五类（煤炭、其他非金属矿原矿、黑色金属矿原矿、有色金属矿原矿、盐）则实行从量定额。其中，从价定率是以应税产品的销售额乘以纳税人具体适用的比例税率，其中的销售额包括纳税人销售应税产品向购买方收取的全部价款和价外费用，但不包括收取的增值税销项税额。另有条文规定：纳税人申报的应税产品销售额明显偏低并且无正当理由的、有视同销售应税产品行为而无销售额的，除财政部、国家税务总局另有规定外，按下列顺序确定销售额：

①按纳税人最近时期同类产品的平均销售价格确定；

②按其他纳税人最近时期同类产品的平均销售价格确定；

③按组成计税价格确定。组成计税价格为：成本×（1+成本利润率）÷（1-税率）。

2. 课税数量

资源税的数量包括三个方面的内容：一是应税资源产品的销售数量；二是纳税人自用数量；三是扣缴义务人的收购数量。

二、资源税的检查

资源税的检查内容主要包括三个方面：一是单位固定税额；二是在单位固定税额不变的情况下，核实计税依据；三是纳税环节。

1. 课税数量的检查

核实销售量（或产量）时特别要注意有无下列情况：

（1）销售数量与实际不符。

（2）自用未作销售处理。

（3）以物易物未作销售处理。这类错误在账务处理上往往表现为所换物资与生产的应税产品相互对转。

（4）延迟实现销售。

（5）加工产品折算产量时，人为压低综合回收率。

2. 单位税额的检查

资源税因产地不同，税率也不同，检查时对应相应的当地征收的税率表进行。检查时看有无以下情况：

（1）有无将稀油记入稠油、高凝油之中，降低单位税额，以少纳资源税；

（2）有无降低或混淆应税产品的等级，使用低等级的单位税额，以纳税款；

（3）有无将液体盐加工成固体盐销售，但仍按液体盐的单位税额申报纳税；

（4）错用单位税额；

（5）存在自销、自用、深加工等时，漏纳移送环节税款。

对于从价定率征收资源税的天然气及石油（适用的税率为5% ~ 10%），可以用纳税人缴交的资源税额除以纳税人的计税金额，反算出纳税人实际的单位税率。从量定额的五类则可以用纳税人缴交的资源税额除以纳税人的课税数量，反算出纳税人实际的单位税额。

3. 纳税环节的检查

（1）应重点检查有无减税、免税项目，如果有减税、免税项目，应当单独核算销售额或者销售数量；未单独核算或者不能准确提供销售额或者销售数量的，是不予减税或者免税的。

（2）如果有开采或者生产不同税目应税产品的，应当分别核算不同税目应税产品的销售额或者销售数量。条例规定：未分别核算或者不能准确提供不同税目应税产品的销售额或者销售数量的，从高适用税率。

（3）企业开采或者生产应税产品，自用于连续生产应税产品的，可以不缴纳资源税；但如果有自用于其他方面的，则视同销售，应缴纳资源税。所以，应明确区别哪些是用于连续生产的，哪些是自用于其他方面的。

资源税的检查

<table>
<tr><td rowspan="3">课税数量检查</td><td>税目</td><td>销售数量</td><td>自用数量</td><td>收购数量</td><td>应课税数量</td><td>申报数量</td></tr>
<tr><td></td><td></td><td></td><td></td><td></td><td></td></tr>
<tr><td></td><td></td><td></td><td></td><td></td><td></td></tr>
<tr><td rowspan="5">单位税额的检查</td><td rowspan="3">从价定率征收</td><td>品名</td><td>缴纳资源税</td><td>计税金额</td><td>反算税率</td><td>实际税率</td></tr>
<tr><td></td><td></td><td></td><td></td><td></td></tr>
<tr><td></td><td></td><td></td><td></td><td></td></tr>
<tr><td rowspan="2">从量定额征收</td><td>品名</td><td>缴纳资源税</td><td>课税数量</td><td>反算单位税额</td><td>实际单位税额</td></tr>
<tr><td></td><td></td><td></td><td></td><td></td></tr>
</table>

续　表

<table>
<tr><td rowspan="5">纳税环节的检查</td><td>减税项目</td><td>减税金额</td><td>免税项目</td><td>免税金额</td><td>是否单独核算</td><td>可否减免</td></tr>
<tr><td></td><td></td><td></td><td></td><td></td><td></td></tr>
<tr><td>应税产品名称</td><td>是否分别核算</td><td>是否从高计税</td><td>计税依据</td><td>适用税率</td><td>应纳税额</td></tr>
<tr><td></td><td></td><td></td><td></td><td></td><td></td></tr>
<tr><td></td><td></td><td></td><td></td><td></td><td></td></tr>
<tr><td>评价</td><td colspan="6"></td></tr>
</table>

三、检查资源税减免税政策的运用

检查时主要查看企业是否恰当运用了如下政策：

（一）条例规定

（1）纳税人开采或者生产应税产品，自用于连续生产应税产品的，不缴纳资源税；自用于其他方面的，则视同销售，依法缴纳资源税。

（2）有下列情形之一的，减征或者免征资源税：

1）开采原油过程中用于加热、修井的原油，免税。

2）纳税人开采或者生产应税产品过程中，因意外事故或者自然灾害等原因遭受重大损失的，由省、自治区、直辖市人民政府酌情决定减税或者免税。

3）国务院规定的其他减税、免税项目。

（二）关于原油、天然气资源税优惠政策问题

经国务院批准，对开采下列原油、天然气免征或减征资源税：

（1）油田范围内运输稠油过程中用于加热的原油、天然气，免征资源税。

（2）稠油、高凝油和高含硫天然气资源税减征 40%。

稠油，是指地层原油黏度大于或等于 50 毫帕 / 秒或原油密度大于或

等于 0.92 克 / 立方厘米的原油。高凝油，是指凝固点大于 40℃的原油。高含硫天然气，是指硫化氢含量大于或等于 30 克 / 立方米的天然气。

（3）三次采油资源税减征 30%。

三次采油，是指二次采油后继续以聚合物驱、复合驱、泡沫驱、气水交替驱、二氧化碳驱、微生物驱等方式进行采油。

（4）低丰度油气田资源税暂减征 20%。

低丰度油田，是指每平方千米原油可采储量丰度在 25 万立方米以下的油田。低丰度气田，是指每平方千米天然气可采储量丰度在 2.5 亿立方米以下的气田。

（5）深水油气资源税减征 30%。

深水油气田，是指水深超过 300 米（不含）的油气田。

注意：符合上述减免税规定的原油、天然气划分不清的，一律不予减免；同时符合上述两项及两项以上减税规定的，只能选择其中一项执行，不能叠加使用。

第二节　城镇土地使用税的检查

一、城镇土地使用税简介

土地使用税，是指在城市、县城、建制镇、工矿区范围内使用土地的单位和个人，以实际占用的土地面积为计税依据，依照规定由土地所在地的税务机关征收的一种税赋。由于土地使用税只在县级以上城市征收，因此也称为城镇土地使用税。

（一）征税对象

土地使用税的纳税人为拥有土地使用权的单位或个人。拥有土地使用权的纳税人不在土地所在地的，由代管人或实际使用人纳税；土地使用权未确定或权属纠纷未解决的，由实际使用人纳税；土地使用权共有的，由共有各方分别纳税。

注意：外商投资企业、外国企业、外籍个人也是土地使用税的纳税人。

（二）计税依据

城镇土地使用税根据实际使用土地的面积，按税法规定的单位税额交纳。其计算公式如下：

应纳城镇土地使用税额 = 应税土地的实际占用面积 × 适用单位税额。

二、城镇土地使用税的检查

（一）纳税义务人和征税范围的检查

城镇土地使用税存在不少免税规定，但在实际操作中有时很容易出现问题，主要有：①纳税单位使用免税单位的土地，未履行纳税义务。②征免界限划分不清。但可在检查时遵循一定的方法，主要有：

1. 纳税义务人的检查

通过检查土地的具体使用情况及用途，根据纳税义务人确认的规定确定纳税人。检查拥有土地使用权的单位和个人不在土地所在地的，或者土地使用权未确定的以及权属纠纷未解决的纳税人，实际使用人或代管人是否按规定申报纳税。同时，注意检查纳税人有无使用免税单位的土地，是否按照规定履行纳税义务。

2. 征税区域的检查

城镇土地使用税的征税范围限于城市、县城、建制镇和工矿区。在检查时，要查看纳税人的实际经营场所用地是否属于确定的城镇土地使用税征税区域。如在征税区域之内，则征收城镇土地使用税，否则不征城镇土地使用税。同时，注意检查土地是否用于农业种植、养殖等，如果核实为农业生产等用地，则免征土地使用税。

（二）计税依据和适用税额的检查

城镇土地使用税以纳税人实际占用的土地面积为计税依据，具体是：

1. 测定面积

凡有由省、自治区、直辖市人民政府确定的单位组织测定土地面积的，以测定的面积为准。

2. 证书面积

尚未组织测量，但纳税人持有政府部门核发的土地使用证书的，以证书确认的土地面积为准。

3. 申报面积

尚未核发土地使用证书的，应由纳税人申报土地面积，据以纳税，待核发土地使用证以后再作调整申报面积。

4. 共有面积

如果土地使用权为共有，则土地使用权共有的各方应按其实际使用的土地面积占总面积的比例，分别计算缴纳土地使用税。

实务操作中容易出现的问题有：①纳税人申报的计税土地面积不准确。②同一企业处在不同地段的适用单位税额不正确。③土地等级调整后，纳税申报时未作相应调整。

土地使用税每平方米年税额幅度如下：大城市 1.5 ~ 30 元；中等城市 1.2 ~ 24 元；小城市 0.9 ~ 18 元；县城、建制镇、工矿区 0.6 ~ 12 元。

省、自治区、直辖市人民政府依据各税额幅度，根据市政建设状况、经济繁荣程度等条件，确定所辖地区的适用税额幅度。

实务中缴交土地使用税时，首先要知道所使用的土地属于什么等级，

然后用所占用的土地面积乘以相应的等级幅度，就可算出要缴交的土地使用税。检查方法有：

1. 核对申报面积

将纳税人纳税申报表中的土地面积与土地使用证所记载的面积相对照，调阅原征地凭证、土地管理机关的批文等文件进行核对，必要时也可实际丈量，核实纳税人申报的土地面积是否真实，有无少报、漏报现象。

2. 核实单位税额

根据纳税人所处的地理位置，对照人民政府对本地区土地的等级划分界限及规定的单位税额，核实纳税人适用单位税额是否正确。

广东省城镇土地使用税实施细则中，具体的土地使用税每平方米年税额为：广州、深圳市为1.5 ~ 30元；佛山、东莞、中山、珠海、江门市为1.2 ~ 24元；惠州、汕头、湛江、韶关、肇庆、茂名、梅州、清远、阳江、河源、汕尾、潮州、揭阳、云浮市为0.9 ~ 18元；县城、建制镇、工矿区为0.6 ~ 12元。

（三）特别情况检查

1. 减免税情况的检查

对照条例，看是否存在免征土地使用税的情况。另外，在征用土地方面，关注是否为耕地。征用的耕地，自批准征用之日起满一年时开始缴纳土地使用税；征用的非耕地，自批准征用次月起缴纳土地使用税。

2. 地下建筑用地的检查

有地下建筑用地的，也应申报城镇土地使用税。

对在城镇土地使用税征税范围内单独建造的地下建筑用地，按规定征收城镇土地使用税。其中，已取得地下土地使用权证的，按土地使用权证确认的土地面积计算应征税款；未取得地下土地使用权证或地下土地使用权证上未标明土地面积的，按地下建筑垂直投影面积计算应征税款。

对上述地下建筑用地暂按应征税款的50%征收城镇土地使用税。

纳税人凡是在固定资产上列支了相应的房屋建筑物固定资产，或者有租用厂房、办公楼之类的合同，都要检查相应的城镇土地使用税，具体是实际占用的面积的检查，以及免税面积的检查、土地等级的检查，由土地等级确定相应的税率。

土地使用税的检查

<table>
<tr><td>检查项目</td><td>固定资产</td><td>有无房屋</td><td>租赁资产</td><td>有无租用厂房、办公楼之类的合同</td></tr>
<tr><td>实际情况</td><td colspan="4"></td></tr>
<tr><td rowspan="3">纳税义务人检查</td><td colspan="2">土地权属归本单位</td><td colspan="2">土地权属归别人</td></tr>
<tr><td>土地面积</td><td>是否纳税</td><td>是否使用并纳税</td><td>是否属免税单位</td></tr>
<tr><td></td><td></td><td></td><td></td></tr>
<tr><td rowspan="5">征税区域检查</td><td colspan="4">是否以下范围</td></tr>
<tr><td>城市</td><td>县城</td><td>建制镇</td><td>工矿区</td></tr>
<tr><td></td><td></td><td></td><td></td></tr>
<tr><td colspan="4">是否农业用地</td></tr>
<tr><td colspan="4"></td></tr>
<tr><td rowspan="3">计税依据及税额检查</td><td>测定面积</td><td>证书面积</td><td>申报面积</td><td>共有面积</td></tr>
<tr><td></td><td></td><td></td><td></td></tr>
<tr><td>土地等级</td><td></td><td>单位税额</td><td></td></tr>
<tr><td rowspan="6">特别情况检查</td><td rowspan="4">减免税情况</td><td colspan="3">有无免征情况</td></tr>
<tr><td rowspan="2">是否征用耕地</td><td>耕地</td><td>批准征用之日起满一年征税</td></tr>
<tr><td>非耕地</td><td>批准征用次月起纳税</td></tr>
<tr><td colspan="3"></td></tr>
<tr><td rowspan="2">地下建筑用地</td><td colspan="2">已取得地下土地使用权证</td><td>按土地使用权证确认的土地面积计算应征税款</td></tr>
<tr><td colspan="2">未取得地下土地使用权证或地下土地使用权证上未标明土地面积</td><td>按地下建筑垂直投影面积计算应征税款</td></tr>
<tr><td>评价</td><td colspan="4"></td></tr>
</table>

第三节　土地增值税的检查

一、土地增值税简介

土地增值税是指转让国有土地使用权、地上的建筑物及其附着物并取得收入的单位和个人，以转让所取得的收入包括货币收入、实物收入和其他收入为计税依据向国家缴纳的一种税赋，不包括以继承、赠与方式无偿转让房地产的行为。纳税人为转让国有土地使用权及地上建筑物和其他附着物产权，并取得收入的单位和个人。课税对象是指有偿转让国有土地使用权及地上建筑物和其他附着物产权所取得的增值额。

针对增值额征税是土地增值税的主要特点。

二、土地增值税的扣除项目及应纳税额的计算

（一）扣除项目

土地增值税的课税对象是增值额，增值额即企业转让房地产所取得的收入减除扣除项目金额后得到的余额。扣除项目包括以下内容：

1. 取得土地使用权所支付的金额

是指企业为取得土地使用权所支付的地价款和按国家统一规定交纳的有关费用。

注意：房地产开发企业为取得土地使用权所支付的契税，应视同“按国家统一规定交纳的有关费用”，计入“取得土地使用权所支付的金额”中扣除。（国税函〔2010〕220号）

2. 开发土地及新建房和配套设施的成本

是指纳税人房地产开发项目实际发生的成本，包括土地征用及拆迁补偿费、前期工程费、建筑安装工程费、基础设施费、公共配套设施费、开发间接费用。

3. 开发土地及新建房和配套设施的费用

是指与房地产开发项目有关的销售费用、管理费用、财务费用。

其中：

（1）财务费用中的利息支出。凡能够按转让房地产项目计算分摊并提供金融机构证明的，允许据实扣除，但最高不能超过按商业银行同类同期贷款利率计算的金额。其他房地产开发费用，在按照“取得土地使用权所支付的金额”与“房地产开发成本”金额之和的 5% 以内计算扣除。

（2）凡不能按转让房地产项目计算分摊利息支出或不能提供金融机构证明的，房地产开发费用在按“取得土地使用权所支付的金额”与“房地产开发成本”金额之和的 10% 以内计算扣除。全部使用自有资金，没有利息支出的，按照以上方法扣除。

（3）土地增值税清算时，已经计入房地产开发成本的利息支出，应调整至财务费用中计算扣除。

4. 旧房及建筑物的评估价格

是指在转让已使用的房屋及建筑物时，由政府批准设立的房地产评估机构评定的重置成本价乘以成新度折扣率后的价格。评估价格须经当地税务机关确认。

凡不能取得评估价格，但能提供购房发票的，经当地税务部门确认，上述第 1、第 3 项规定的扣除项目的金额，可按发票所载金额并从购买年度起至转让年度止每年加计 5% 计算。计算扣除项目时“每年”按购房发票所载日期起至售房发票开具之日止，每满 12 个月计一年；超过一年，

未满12个月但超过6个月的，可以视同为一年。

5. 与转让房地产有关的税金

是指在转让房地产时缴纳的营业税、城市维护建设税、印花税。因转让房地产交纳的教育费附加，也可视同税金予以扣除。

6. 财政部规定的其他扣除项目

对从事房地产开发的纳税人可按取得土地使用权所支付的金额和房地产开发成本两项规定计算的金额之和，加计20%后扣除。

（二）应纳税计算

土地增值税以转让房地产所取得的增值额为税基，依据超率累进税率，计算应纳税额。计算的基本原理和方法是：第一，以出售房地产的总收入减除扣除项目金额，求得增值税额；第二，以增值额同扣除项目相比，其比值即为土地增值率；第三，根据增值率的高低确定适用税率，用增值额和适用税率相乘，求得应纳税额。

1. 转让土地使用权和出售新建房及配套设施

（1）计算增值额：增值额 = 收入额 – 扣除项目金额。

（2）计算增值率：增值率 = 增值额 ÷ 扣除项目金额 ×100%。

（3）确定适用税率：依据计算的增值率，按其税率表确定适用税率。

土地增值税实行四级超率累进税率。

土地增值税四级超率累进税率表　　单位：%

增值率	累进税率
≤ 50	30
50 ~ 100（含100）	40
100 ~ 200（含200）	50
>200	60

（4）依据适用税率计算应纳税额：

应纳税额 = 增值额 × 适用税率 – 扣除项目金额 × 速算扣除系数

档次	级距	税率	速算扣除系数	税额计算公式
1	增值额未超过扣除项目金额50% 的部分	30%	0	增值额 × 30%
2	增值额超过扣除项目金额50%，未超过 100% 的部分	40%	5%	增值额 × 40%– 扣除项目金额 × 5%
3	增值额超过扣除项目金额100%，未超过 200% 的部分	50%	15%	增值额 × 50%– 扣除项目金额 × 15%
4	增值额超过扣除项目金额 200% 的部分	60%	35%	增值额 × 60%– 扣除项目金额 × 35%

2. 出售旧房

（1）计算评估价格：评估价格 = 重置成本价格 × 成新折扣率。

（2）汇总扣除项目金额。

（3）计算增值率。

（4）依据增值率确定适用税率。

（5）依据适用税率计算应纳税额：

应纳税额 = 预计增值额 × 适用税率 – 扣除项目金额 × 速算扣除系数

3. 特殊售房方式

（1） 成片转让土地使用权后，分期开发、转让房地产的，对允许扣除项目金额可按转让土地使用权的面积占总面积的比例分摊。分摊计算公式为：

扣除项目金额 = 扣除项目的总金额 ×（转让土地使用权的面积 ÷ 受让土地使用权的总面积）

（2）采取预售方式出售商品房的，在计算缴纳土地增值税时，可以按买卖双方签订的预售合同所载金额计算出应纳土地增值税额，再根据每笔预售价款的比例，计算所需缴纳的土地增值税税额，在每次预收款

时计征。

三、土地增值税的检查

由于土地增值税按增值额征收，而增值额由收入减去扣除项目得出，所以土地增值税的检查主要是对收入和扣除项目的检查。

（一）收入的检查

1. 检查收入的确定是否合理

纳税人转让房地产所取得的收入，是指包括货币收入、实物收入和其他收入在内的全部价款及有关的经济利益，不允许从中减去任何成本费用。

2. 检查有无预缴土地增值税

纳税人在项目竣工结算前转让房地产取得的收入的，应预缴土地增值税。

3. 检查纳入免税项目的划分是否合理

同时兼营普通住宅和其他类型房地产开发的，有无分别核算其土地增值税，不分别核算或者不能提供准确核算土地增值税额的，其建造的普通住宅不适用免税规定。

4. 检查代收费用的处理

销售房地产时，如果代收费用是计入房价中向购买方一并收取的，应作为转让房地产所取得的收入和计征土地增值税；如果代缴费用未计入房价中，而是在房价之外单独收取的，可以不作为转让房地产的收入。

（二）扣除项目的检查

主要看纳税人有无人为地增加扣除项目或者扩大扣除范围。

1. 检查扣除项目的范围

扣除项目中的利息支出上浮幅度按国家有关规定执行，超过上浮幅度的部分不允许扣除；对于超过贷款期限的利息部分和加罚的利息不允许扣除。

2. 检查代收费用的扣除

代收费用作为转让收入计税的，在计算扣除项目金额时，可以扣除，但不允许作为扣计 20% 扣除的基数；对于代收费用未作为转让房地产的收入计税的，在计算增值额时不允许扣除代收费用。

3. 检查旧房转让费用的处理

对于转让旧房的，应按房屋及缴建筑物的评估价格、取得土地使用权所支付的地价和按国家统一缴纳的有关费用以及在转让环节缴纳的税金作为扣除项目金额计征土地增值税。对取得土地使用权时未支付地价款或不能提供已支付的地价款收据的，不允许扣除取得土地使用权所支付的金额。

4. 检查旧房评估费用

纳税人转让旧房及建筑物时因计算纳税的需要而对房地产进行评估，其支付的评估费允许在计算增值税时予以扣除。但对纳税人隐瞒、虚报房地产成交价格等情况而按房地产评估价格计算征收土地增值税所发生的评估费用，不允许在计算土地增值税时予以扣除。

5. 检查账务处理

检查“主营业务收入”“其他业务收入”账户，结合“预收账款”等往来账户，看企业有无将转让国有土地使用权及房地产所取得的收入，长期持往来账而不入收入账户申报土地增值税。同时检查销售票据，看是否存在向购买方一并收取代收费用，未作为转让房地产所取得的收入计征土地增值税等情况。检查有关凭证，看有关转让国有土地使用权、地上的建筑物及其附着物的具体业务处理情况，看其是否属于免税范围、有关扣除项目的核算是否准确、适用税率是否正确、报批的手续和程序是否完整、纳税申报是否及时等。

土地增值税的检查

<table>
<tr><td colspan="5">1. 收入的确定</td></tr>
<tr><td>货币收入</td><td>实物收入</td><td>其他收入</td><td>全部合计</td><td>计算有无扣减成本费用</td></tr>
<tr><td></td><td></td><td></td><td></td><td></td></tr>
<tr><td colspan="5">有无预缴土地增值税</td></tr>
<tr><td colspan="2">项目竣工结算前转让房地产取得的收入</td><td></td><td>预缴土地增值税</td><td></td></tr>
<tr><td colspan="5">免税项目的划分是否合理</td></tr>
<tr><td colspan="4">兼营普通住宅和其他类型房地产开发，有无分别核算其土地增值税</td><td></td></tr>
<tr><td colspan="5">检查代收费用的处理</td></tr>
<tr><td>和房价款一并收取</td><td colspan="3">作为转让房地产所取得的收入和计征土地增值税</td><td></td></tr>
<tr><td>房价之外单独收取</td><td colspan="3">不作为转让房地产的收入</td><td></td></tr>
</table>

<table>
<tr><td colspan="5">2. 扣除项目的检查</td></tr>
<tr><td rowspan="2">检查扣除项目的范围</td><td>上浮利息支出</td><td>超期利息</td><td>罚息</td><td>是否扣除</td></tr>
<tr><td></td><td></td><td></td><td></td></tr>
<tr><td rowspan="2">检查代收费用的扣除</td><td rowspan="2">代收金额</td><td>作为转让收入计税</td><td>可以扣除</td><td rowspan="2">不允许作为加计20%扣除的基数</td></tr>
<tr><td>未作为转让房地产的收入计税</td><td>不可以扣除</td></tr>
<tr><td rowspan="3">检查旧房转让费用的处理</td><td>扣除项目</td><td>评估价格</td><td>取得土地使用权所支付的地价</td><td>缴纳税费</td></tr>
<tr><td></td><td></td><td></td><td></td></tr>
<tr><td colspan="4">取得土地使用权时未支付地价款或不能提供已支付的地价款收据的，不允许扣除取得土地使用权所支付的金额</td></tr>
<tr><td>评价</td><td colspan="4"></td></tr>
</table>

四、土地增值税清算的检查

（一）清算条件

纳税人符合下列条件之一的，应进行土地增值税的清算，并在满足以下条件之日起 90 日内到主管税务机关办理清算手续：

（1）房地产开发项目全部竣工、完成销售的；

（2）整体转让未竣工决算房地产开发项目的；

（3）直接转让土地使用权的。

符合以下条件之一的主管税务机关可要求纳税人进行土地增值税清算：

（1）已竣工验收的房地产开发项目，已转让的房地产建筑面积占整个项目可售建筑面积的 85% 以上，或该比例虽未超过 85%，但剩余的可售建筑面积已经出租或自用的；

（2）取得销售（预售）许可证满三年仍未销售完毕的；

（3）纳税人申请注销税务登记但未办理土地增值税清算手续的，应在办理注销登记前进行土地增值税清算。

符合以上条件的税务机关可要求纳税人进行土地增值税清算的项目，由主管税务机关确定是否进行清算；对于确定需要进行清算的项目，由主管税务机关下达清算通知，纳税人应当在收到清算通知之日起 90 日内办理清算手续。

（二）清算收入确认

土地增值税清算时，已全额开具商品房销售发票的，按照发票所载金额确认收入；未开具发票或未全额开具发票的，以交易双方签订的销售合同所载的售房金额及其他收益确认收入。销售合同所载的商品房面积与有关部门实际测量面积不一致，在清算前已发生补、退房款的，应在计算土

地增值税时予以调整。

在项目全部竣工结算前转让房地产取得的收入，由于涉及成本确定或其他原因，而无法据以计算土地增值税的，可以预征土地增值税，待该项目全部竣工、办理结算后再进行清算，多退少补。

纳税人按规定预缴土地增值税后，清算补缴的土地增值税，在主管税务机关规定的期限内补缴的，不加收滞纳金。

土地增值税清算的检查

清算收入确认	已全额开具商品房销售发票	发票所载金额确认收入	是否满足清算条件
	未开具发票或未全额开具发票	销售合同所载的售房金额及其他收益确认收入	
	合同所载商品房面积实际测量面积不一致	调整	
评价			

五、土地增值税优惠政策的运用

检查土地增值税是否符合以下优惠政策：

（一）不征税

（1）赠与房地产不征税（转让给直系亲属或赡养义务人）。

（2）房产捐赠不征税（通过非营利组织捐赠）。

（3）产权未转移不征税（开发后自用或出租）。

（二）免税

（1）纳税人建造普通标准住宅出售，增值额未超过扣除项目金额20%的。

（2）因国家建设需要依法征用、收回的房地产。

附：耕地占用税

耕地占用税是对特殊土地资源——耕地的占用而征收的一种税，故将其在此补充说明。

耕地占用税所称的耕地，是指用于种植农作物的土地。

占用耕地建房或者从事非农业建设的单位或者个人，为耕地占用税的纳税人。

耕地占用税以纳税人实际占用的耕地面积为计税依据，按照规定的适用额一次性征收。

实际占用的耕地面积包括经批准占用的耕地面积和未经批准占用的耕地面积。

耕地占用税的税额规定如下：

（1）人均耕地不超过 1 亩的地区（以县级行政区域为单位，下同），每平方米为 10 ~ 50 元；

（2）人均耕地超过 1 亩但不超过 2 亩的地区，每平方米为 8 ~ 40 元；

（3）人均耕地超过 2 亩但不超过 3 亩的地区，每平方米为 6 ~ 30 元；

（4）人均耕地超过 3 亩的地区，每平方米为 5 ~ 25 元。

各地适用税额，不得低于以上的平均税额。

企业如果存在实际占用耕地的情况，则应该按实际占用耕地的面积，按照当地的适用税额，计算缴交相应的耕地占用税。

占用基本农田的，适用税额在当地适用税额的基础上提高 50%。

第八章 财产和行为税类

财产税是以纳税人所有或属其支配的财产为课税对象的一类税收。其以财产为课税对象，向财产的所有者征收。财产包括一切积累的劳动产品（生产资料和生活资料）、自然资源（如土地、矿藏、森林等）和各种科学技术、发明创作的特许权等。国家可以选择某些财产予以课税。对各种财产课征的税，按一般税收分类方法，统称为财产税。财产税属于对社会财富的存量课税。它通常不是课自当年创造的价值，而是课自往年创造价值的各种积累形式。

财产税类是指以各种财产为征税对象的税收体系。财产税类税种的课税对象是财产的收益或财产所有人的收入，主要包括房产税、财产税、遗产和赠与税等税种。对财产课税，对于促进纳税人加强财产管理、提高财产使用效果具有特殊的作用。遗产和赠与税在鼓励勤劳致富、反对不劳而富方面有着独特的作用，是世界各国通用的税种，中国虽然列入了立法计划，但至今也未开征。

第一节　房产税的检查

一、房产税简介

在房产税方面，我国有几个很重要的文件，一个是《中华人民共和国房产税暂行条例》（国发〔1986〕90 号），该文件自 1986 年 10 月 1 日开始执行，目前仍然有效，对房产税的征收范围、计税依据、征收税率等做了明确的说明。另一个是财税（〔2009〕3 号文），该文件废止了《中华人民共和国城市房地产税暂行条例》，从 2009 年 1 月 1 日起，外商投资企业、外国企业和组织以及外籍个人（包括港澳台资企业和组织以及华侨、港澳台同胞，以下统称外资企业及外籍个人）依照《中华人民共和国房产税暂行条例》（国发〔1986〕90 号）缴纳房产税。

目前，我国关于个人房产税的改革正在进行。

（一）纳税义务人

房产税在中国境内的城市、县城、建制镇和工矿区征收。国有企业、集体企业、私营企业、股份制企业、其他企业、行政单位、事业单位、军事单位、社会团体、其他单位、个体经营者和其他个人、外资企业等都应当依法缴纳此税。

房产税纳税人包括房屋产权所有人、经营管理单位、承典人、房产代管人和使用人。产权属于全民所有的，以经营管理单位缴纳；产权出典的，以承典人（即受让人、使用人）缴纳；产权所有人、承典人不在房产所在地的，或产权未确定及租典纠纷未解决的，由房产使用人或代管人缴纳。

（二）计税依据

房产税计税标准分为从价和从租计征两种。房产用于自用的，房产税依照房产原值一次减除10%～30%后的余值计算缴纳。具体减除幅度由省、自治区、直辖市人民政府规定。没有房产原值作为依据的，由房产所在地税务机关参考同类房产核定。房产出租的，以房产租金收入为房产税的计税依据。

财税〔2009〕128号文对无租使用其他单位房产、出典房产、融资租赁房产的房产税的缴纳人及缴纳依据做了界定。无租使用其他单位房产的应税单位和个人，依照房产余值代缴纳房产税，所以在无偿使用其他单位房产的时候，不要以为不用支付租金，出租方没有取得收入就不用缴纳房产税，按文件精神是要承租人按房产余值代缴纳房产税的。

产权出典的房产，由承典人依照房产余值缴纳房产税。

房产税的税率，依照房产余值计算缴纳的，税率为1.2%；依照房产租金收入计算缴纳的，税率为12%。

（三）特别规定

融资租赁的房产，由承租人自融资租赁合同约定开始日的次月起依照房产余值缴纳房产税。合同未约定开始日的，由承租人自合同签订的次月起依照房产余值缴纳房产税。所以如果有融资租入房产的情况，也不要忘了缴纳房产税。

如果企业作为承典人占有使用房产，则也要相应的缴纳房产税。

二、房产税的检查

如果企业使用的是自有的房产，并且不属于免征房产税的情况，应缴纳房产税；如果是租赁的房产，则要取得地税部门代开的租金发票。

1. 自建房产的检查

对于已办理房产证的，核对计税依据是否相符；如果未办理房产证或批准手续，需检查建筑施工合同，核实房产成本。另外，检查附属工程是否应当计房产税的计税依据。

2. 土地价值的检查

2011 年 1 月起，税法规定无论会计上怎么核算，土地成本应成为房产税的计税依据。由于各地开发区企业与地方政府签订了不同的征地优惠政策，投资额达到时会减免征地款，但国土、财政部门又无权直接减免，操作上按规定开票征收土地款，然后由财政部门返还。如果企业分期付款，开具多张票据，账务处理时如果按实缴数入账，房产税的计税依据将会减少。

检查时取得与政府签订的投资优惠协议，进一步检查土地出让合同及缴纳的土地出让金。土地出让金返还的，无论是否冲减土地成本，均按返还前土地价值确认房产税计税依据。

3. 外购房产的检查

对于 2011 年 1 月 1 日前购入的房屋，土地价值很容易被分解，从而使房产价值降低。应检查房屋买卖合同，核实土地、房屋及其他资产的账面价值。

房产税的检查

<table>
<tr><td rowspan="2">房产来源</td><td>自有房产</td><td>是否免征</td><td></td><td>是否纳税</td><td></td></tr>
<tr><td>租入房产</td><td>是否取得租赁发票</td><td colspan="3"></td></tr>
<tr><td rowspan="3">自建房产的检查</td><td>已办理房产证</td><td>计税依据</td><td></td><td>申报金额</td><td></td></tr>
<tr><td>未办理房产证或批准手续</td><td>房产成本</td><td colspan="3"></td></tr>
<tr><td>附属工程</td><td>是否应纳入计税依据</td><td colspan="3"></td></tr>
</table>

续 表

土地价值的检查	土地出让金		土地是否纳入房产税计税依据		
	返还土地出让金		返还前土地价值		
外购房产的检查	计税依据	2011年1月1日前购入	2011年1月1日后购入	报税依据	是否有差异
	房产价值				
	土地价值				
	合计金额				
评价					

第二节　车船税、船舶吨税及车辆购置税的检查

一、车船税简介

《中华人民共和国车船税法》自2012年1月1日起施行，该法同时废止了《中华人民共和国车船税暂行条例》，由《中华人民共和国车船税法实施条例》取代。

1. 车船税纳税人

在中华人民共和国境内属于《车船税税目税额表》规定的车辆、船舶（以下简称车船）的所有人或者管理人，为车船税的纳税人，应当缴纳车船税。

这里的车船既包括依法应当在车船登记管理部门登记的机动车辆和船舶，也包括依法不需要在车船登记管理部门登记的在单位内部场所行驶或者作业的机动车辆和船舶。

2. 扣缴义务人

机动车第三者责任强制保险业务的保险机构为机动车车船税的扣缴义务人，应当在收取保险费时依法代收车船税，并出具代收税款凭证。机动车车船税扣缴义务人在代收车船税时，应当在机动车交通事故责任强制保险的保险单以及保险发票上注明已收税款的信息，作为代收税款凭证。

已完税或者依法减免税的车辆，纳税人应当向扣缴义务人提供登记地的主管税务机关出具的完税凭证或者减免税证明。

纳税人没有按照规定期限缴纳车船税的，扣缴义务人在代收代缴税款时，可以一并代收代缴欠缴税款的滞纳金。

扣缴义务人已代收代缴车船税的，纳税人不再向车辆登记地的主管税务机关申报缴纳车船税。

无扣缴义务人的纳税人应当向主管税务机关自行申报缴纳车船税。

3. 税款和项目

车船税税目税额表

<table>
<tr><th colspan="2">税 目</th><th>计税单位</th><th>年基准税额</th><th>备注</th></tr>
<tr><td rowspan="7">乘用车〔按发动机气缸容量（排气量）分档〕</td><td>1.0 升（含）以下的</td><td rowspan="7">每辆</td><td>60 ~ 360 元</td><td rowspan="7">核定载客人数 9 人（含）以下</td></tr>
<tr><td>1.0 升以上至 1.6 升（含）的</td><td>300 ~ 540 元</td></tr>
<tr><td>1.6 升以上至 2.0 升（含）的</td><td>360 ~ 660 元</td></tr>
<tr><td>2.0 升以上至 2.5 升（含）的</td><td>660 ~ 1200 元</td></tr>
<tr><td>2.5 升以上至 3.0 升（含）的</td><td>1200 ~ 2400 元</td></tr>
<tr><td>3.0 升以上至 4.0 升（含）的</td><td>2400 ~ 3600 元</td></tr>
<tr><td>4.0 升以上的</td><td>3600 ~ 5400 元</td></tr>
<tr><td rowspan="2">商用车</td><td>客车</td><td>每辆</td><td>480 ~ 1440 元</td><td>核定载客人数9人以上，包括电车</td></tr>
<tr><td>货车</td><td>整备质量每吨</td><td>16 ~ 120 元</td><td>包括半挂牵引车、三轮汽车和低速载货汽车等</td></tr>
</table>

续　表

税目		计税单位	年基准税额	备注
挂车		整备质量每吨	按照货车税额的50%计算	
其他车辆	专用作业车	整备质量每吨	16～120元	不包括拖拉机
	轮式专用机械车		16～120元	
摩托车		每辆	36～180元	
船舶	机动船舶	净吨位每吨	3～6元	拖船、非机动驳船分别按照机动船舶税额的50%计算
	游艇	艇身长度每米	600～2000元	

为了体现车船税调节功能，《车船税法》将船舶中的游艇单列出来，明确按长度征税，并将税额幅度确定为每米600～2000元。

车船税法所附《车船税税目税额表》中车辆、船舶的含义如下：

乘用车，是指在设计和技术特性上主要用于载运乘客及随身行李，核定载客人数包括驾驶员在内不超过9人的汽车。

商用车，是指除乘用车外，在设计和技术特性上用于载运乘客、货物的汽车，划分为客车和货车。

半挂牵引车，是指装备有特殊装置用于牵引半挂车的商用车。

三轮汽车，是指最高设计车速不超过每小时50千米，具有三个车轮的货车。

低速载货汽车，是指以柴油机为动力，最高设计车速不超过每小时70千米，具有四个车轮的货车。

挂车，是指就其设计和技术特性需由汽车或者拖拉机牵引，才能正常使用的一种无动力的道路车辆。

专用作业车，是指在其设计和技术特性上用于特殊工作的车辆。

轮式专用机械车，是指有特殊结构和专门功能，装有橡胶车轮可以自行行驶，最高设计车速大于每小时20千米的轮式工程机械车。

摩托车，是指无论采用何种驱动方式，最高设计车速大于每小时50千米，或者使用内燃机，其排量大于50毫升的两轮或者三轮车辆。

船舶，是指各类机动、非机动船舶以及其他水上移动装置，但是船舶上装备的救生艇筏和长度小于5米的艇筏除外。其中，机动船舶是指用机器推进的船舶；拖船是指专门用于拖（推）动运输船舶的专业作业船舶；非机动驳船，是指在船舶登记管理部门登记为驳船的非机动船舶；游艇是指具备内置机械推进动力装置，长度在90米以下，主要用于游览观光、休闲娱乐、水上体育运动等活动，并应当具有船舶检验证书和适航证书的船舶。

4. 纳税地点

车船税的纳税地点为车船的登记地或者车船税扣缴义务人所在地。依法不需要办理登记的车船，车船税的纳税地点为车船的所有人或者管理人所在地。

5. 纳税时间

车船税按年申报，分月计算，一次性缴纳。

车船税纳税义务发生时间为取得车船所有权或者管理权的当月，以购买车船的发票或者其他证明文件所载日期的当月为准。购置的新车船，购置当年的应纳税额自纳税义务发生的当月起按月计算，应纳税额为年应纳税额除以12再乘以应纳税月份数。

6. 征退规定

在一个纳税年度内，已完税的车船被盗抢、报废、灭失的，纳税人可以凭有关管理机关出具的证明和完税凭证，向纳税所在地的主管税务机关申请退还自被盗抢、报废、灭失月份起至该纳税年度终了期间的税款。

已办理退税的被盗抢车船失而复得的，纳税人应当从公安机关出具相

关证明的当月起计算缴纳车船税。

已缴纳车船税的车船在同一纳税年度内办理转让过户的，不另纳税，也不退税。

7. 免征减征规定

（1）下列车船免征车船税

①捕捞、养殖渔船：是指在渔业船舶登记管理部门登记为捕捞船或者养殖船的船舶。

②军队、武装警察部队专用的车船：是指按照规定在军队、武装警察部队车船登记管理部门登记，并领取军队、武警牌照的车船。

③警用车船：是指公安机关、国家安全机关、监狱、劳动教养管理机关和人民法院、人民检察院领取警用牌照的车辆和执行警务的专用船舶。

④依照法律规定应当予以免税的外国驻华使领馆、国际组织驻华代表机构及其有关人员的车船。

（2）下列情况免征或减征车船税

①节约能源、使用新能源的车船可以免征或者减半征收车船税。免征或者减半征收车船税的车船的范围，由国务院财政、税务主管部门等国务院有关部门制定，报国务院批准。

②对受地震、洪涝等严重自然灾害影响纳税困难以及其他特殊原因确需减免税的车船，可以在一定期限内减征或者免征车船税。具体减免期限和数额由省、自治区、直辖市人民政府确定，报国务院备案。

（3）其他征免规定

①临时入境的外国车船和中国香港特别行政区、中国澳门特别行政区、中国台湾地区的车船，不征收车船税。

②按照规定缴纳船舶吨税的机动船舶，自《车船税法》实施之日起5年内免征车船税。

③依法不需要在车船登记管理部门登记的机场、港口、铁路站场内部行驶或者作业的车船，自《车船税法》实施之日起5年内免征车船税。

二、车船税的检查

对比之前的《中华人民共和国车船税暂行条例》，《中华人民共和国车船税法》明确了办理车辆相关登记和定期检验手续时，对没有提供依法纳税或者免税证明的，不予办理相关手续。这意味着如果没有缴交车船税，车船的年检、转让过户等工作都将完成不了。

而企业的车船税等可以选择由从事机动车第三者责任强制保险业务的保险机构代收代缴。

企业应将正在使用的车船登记入册，同时记录好车船税的缴交情况，属于自有的车船，首次缴交的时候按发票购买日期的月份缴交当期的车船税，其后按年缴交，属于租用等性质的车船，虽然企业并不具有车船的所有权，但作为对车船具有管理权或者使用权的管理人，同样为车船税的纳税义务人，企业应督促车船的所有权人及时缴交车船税，或者代缴车船税。

由于车船税法及实施条例所涉及的排气量、整备质量、核定载客人数、净吨位、艇身长度，以车船登记管理部门核发的车船登记证书或者行驶证所载数据为准，所以去地税部门购买车船税的时候要带上车船登记证书或者行驶证。

车船税缴交情况表

车船名称	牌照号	自有或租用	购入时间	本期缴交情况
	粤 ×-××××	自有		已缴

检查时重点在于：

（1）乘用车排气量的大小与年基准税额是否一致（保险机构在计算机动车应纳税额时，机动车的相关技术信息以车辆登记证书或行驶证书所载相应数据为准）；

（2）由保险公司直接办理减免税的车辆手续是否齐全，特别是节约能源、使用新能源的车船免征或者减征车船税是否符合国家税务总局相关公告规定；

（3）规定必须由税务机关出具减免税证明的车辆，保险机构在销售交强险时是否将减免税证明号和出具该证明的税务机关名称录入交强险业务系统；

（4）当年购置的新机动车，应纳税款是否从购买日期的当月起计；

（5）保险机构委托保险中介机构销售交强险的车辆代收车船税情况。凡保险公司有应扣未扣车船税行为的，税务机关将向纳税人追缴税款，对保险公司处应扣未扣税款百分之五十以上三倍以下的罚款。

三、车辆购置税

在中华人民共和国境内购置应税车辆的单位和个人，为车辆购置税的纳税人，应按规定一车一税申报车辆购置税。

车辆购置税的征收范围包括汽车、摩托车、电车、挂车、农用运输车。

车辆购置税实行从价定率的办法计算应纳税额。车辆购置税的税率为10%。应纳税额的计算公式为：

$$应纳税额=计税价格\times税率$$

车辆购置税实行一次性征收制度。购置已征车辆购置税的车辆，不再征收车辆购置税。

纳税人购买自用的应税车辆的计税价格，为纳税人购买应税车辆而支付给销售者的全部价款和价外费用，不包括增值税税款。

纳税人进口自用的应税车辆的计税价格的计算公式为：

计税价格 = 关税完税价格 + 关税 + 消费税

纳税人购买自用或者进口自用应税车辆，申报的计税价格低于同类型应税车辆的最低计税价格，但又无正当理由的，按照最低计税价格征收车辆购置税。

纳税人应当在向公安机关车辆管理机构办理车辆登记注册前，缴纳车辆购置税。

四、船舶吨税

自中华人民共和国境外港口进入境内港口的船舶（以下简称应税船舶），应当依照本条例缴纳船舶吨税（以下简称吨税）。

中华人民共和国籍的应税船舶，船籍国（地区）与中华人民共和国签订含有相互给予船舶税费最惠国待遇条款的条约或者协定的应税船舶，适用优惠税率。其他应税船舶，适用普通税率。

吨税的应纳税额 = 船舶净吨位 × 适用税率

吨税按照船舶净吨位和吨税执照期限征收。

吨税由海关负责征收，海关征收吨税应当制发缴款凭证。应税船舶在进入港口办理入境手续时，应当向海关申报纳税领取吨税执照，或者交验吨税执照。应税船舶在离开港口办理出境手续时，应当交验吨税执照。

下列船舶免征吨税：

（一）应纳税额在人民币 50 元以下的船舶；

（二）自境外以购买、受赠、继承等方式取得船舶所有权的初次进口到港的空载船舶；

（三）吨税执照期满后 24 小时内不上下客货的船舶；

（四）非机动船舶（不包括非机动驳船）；

（五）捕捞、养殖渔船；

（六）避难、防疫隔离、修理、终止运营或者拆解，并不上下客货的船舶；

（七）军队、武装警察部队专用或者征用的船舶；

（八）依照法律规定应当予以免税的外国驻华使领馆、国际组织驻华代表机构及其有关人员的船舶。

吨税税目税率表

税目（按船舶净吨位划分）	税率（元/净吨）						备注
	普通税率（按执照期限划分）			优惠税率（按执照期限划分）			
	1年	90日	30日	1年	90日	30日	
不超过2000净吨	12.6	4.2	2.1	9.0	3.0	1.5	拖船和非机动驳船分别按相同净吨位船舶税率的50%计征税款
超过2000净吨，但不超过10000净吨	24.0	8.0	4.0	17.4	5.8	2.9	
超过10000净吨，但不超过50000净吨	27.6	9.2	4.6	19.8	6.6	3.3	
超过50000净吨	31.8	10.6	5.3	22.8	7.6	3.8	

第三节　印花税的检查

一、印花税简介

印花税是对经济活动和经济交往中书立、领受具有法律效力的凭证的行为所征收的一种税。因采用在应税凭证上粘贴印花税票作为完税的标志而得名。印花税的纳税人包括在中国境内书立、领受规定的经济凭证的企业、行政单位、事业单位、军事单位、社会团体、其他单位、个体工商户和其他个人。

印花税的征税对象为在经济活动中签立的各种合同、产权转移书据、营业账簿、权利许可证照等应税凭证文件。由纳税人按规定应税的比例和定额自行购买并粘贴印花税票，即完成纳税义务。

二、印花税的检查

（一）应税合同的检查

1. 检查不签合同的印花税纳税义务

印花税应税合同包括购销、加工承揽、建设工程承包、财产租赁、货物运输、仓储保管、借款、财产保险、技术合同或者具有合同性质的凭证。

检查中注意是否存在税目印花税漏缴或贴花率低的现象。实务中，由于购销双方长期合作而形成的良好信誉关系，不少纳税人和业务单位购销往来不签购销合同，而以日常的供货或提货及结算单据来确认成本，计量收入。并认为，不签购销合同就不用贴花。缴纳购销合同税目印花税时，只是按照实际签订了购销合同的部分所记载的购销金额贴花，对未签订购销合同的部分，则不予贴花。其实这种做法是欠妥的。

（1）根据《印花税暂行条例》第二条的规定，印花税的应纳税凭证包括购销、加工承揽、建设工程承包、财产租赁、货物运输、仓储保管、借款、财产保险，或者具有合同性质的凭证。

（2）根据财政部关于发布《中华人民共和国印花税暂行条例施行细则》的通知（财税字〔1988〕第255号）第四条第二款的规定，具有合同性质的凭证，是指具有的协议、契约、合约、单据、确认书及其他各种名称的

凭证。

（3）根据《国家税务局关于各种要货单据征收印花税问题的批复》（国税函〔1990〕第994号）第二条的规定，商业企业开具的要货成交单据，是当事人之间建立供需关系，以明确供需各方责任的常用业务凭证，属于合同性质的凭证，应按规定贴花。

（4）《国家税务局关于印花税若干具体问题的解释和规定的通知》（国税发〔1991〕第155号）进一步明确，对工业、商业、物资、外贸等部门使用的调拨单（或其他名称的单、卡、书、表等）凡属于明确双方供需关系，据以供货和结算，具有合同性质的凭证，应按规定贴花。

可见，不一定非要有合同，只要具有合同性质的购销往来凭证，即使要素不完全，但明确了双方主要权利、义务，就应按规定贴花。

例如，A公司是某空调品牌经销商，其垄断了该品牌空调系列产品在某省的销售权。现假设主管税务机关没有将其纳入印花税核定征收管理范围。2012年度该纳税人共缴纳各种税目的印花税2050元，其中购销合同税目印花税1000元。

据了解，A公司的销售成本由向该品牌空调总部的采购成本构成，A公司的销售收入为向该省各地区的该品牌空调经销商批发该品牌空调系列产品的收入。该品牌空调总部、A公司及该省各地区经销商均为独立核算、自负盈亏的纳税人，各方之间的购销往来一般不签购销合同，以供货或提货及结算单据作为结算成本、计量收入的凭据。各方约定俗成，空调一经发货，无论存在质量问题与否，均不能退换货。

A公司与该品牌空调总部及该省各地区该品牌空调经销商之间的购销业务是否应缴纳印花税？

经认定，A公司与该品牌空调总部及该省各地区该品牌空调经销商之间的供货或提货及结算单据是具有合同性质的凭证，应按规定缴纳购销合同税目的印花税。

A公司2012年度的利润表显示，其2012年度的销售收入为1.2亿元，销售成本为1亿元，则A公司2012年度进销额合计为2.2亿元，按规定应缴纳购销合同税目印花税6.6万元（220000000×0.3‰=66000元），而A公司实际仅缴纳购销合同税目的印花税1000元，应缴和实缴之间相差6.5万元。A公司可能存在主观上的故意隐匿或客观上的疏忽遗漏致使购销合同税目印花税漏缴严重。此问题如被税务机关检查发现，则必然要被追缴印花税税款，并面临加处罚款和滞纳金的问题。

2. 检查电子合同是否纳税

随着电子商务的广泛应用，越来越多的企业选择使用互联网完成合同签订工作，因此，电子合同的使用范围日益扩大。由于这种签订形式有别于传统合同的签订形式，因此很多企业在对电子合同是否要贴印花税的认识上存在误区，以为电子合同是不需要缴纳印花税的。

2006年国家税务总局、财政部联合发布的《国家税务总局关于印花税若干政策的通知》（财税〔2006〕162号），中明确规定："以电子形式签订的各类应税凭证按规定征收印花税。"因此，在经营中采用电子合同时，要增强依法纳税意识，切记"贴花"缴税。

（二）检查适用税率运用是否正确

对照印花税税目税率表，按相应的合同对应的税率，检查是否应用错的税率。

印花税税目税率表

	税　目	范　围	税　率	纳税人
1	购销合同	包括供应、预购、采购、购销、结合及协作、调剂、补偿、易货等合同	按购销金额0.3‰贴花	立合同人

续　表

	税　目	范　围	税　率	纳税人
2	加工承揽合同	包括加工、定作、修缮、修理、印刷广告、测绘、测试等合同	按加工或承揽收入0.5‰贴花	立合同人
3	建设工程勘察设计合同	包括勘察、设计合同	按收取费用0.5‰贴花	立合同人
4	建筑安装工程承包合同	包括建筑、安装工程承包合同	按承包金额0.3‰贴花	立合同人
5	财产租赁合同	包括租赁房屋、船舶、飞机、机动车辆、机械、器具、设备等合同	按租赁金额1‰贴花。税额不足1元，按1元贴花	立合同人
6	货物运输合同	包括民用航空运输、铁路运输、海上运输、内河运输、公路运输和联运合同	按运输费用0.5‰贴花	立合同人
7	仓储保管合同	包括仓储、保管合同	按仓储保管费用1‰贴花	立合同人
8	借款合同	银行及其他金融组织和借款人（不包括银行同业拆借）所签订的借款合同	按借款金额0.05‰贴花	立合同人
9	财产保险合同	包括财产、责任、保证、信用等保险合同	按保险费收入1‰贴花	立合同人
10	技术合同	包括技术开发、转让、咨询、服务等合同	按所载金额0.3‰贴花	立合同人

（三）营业账簿的印花税纳税检查

1. 账簿贴花的规定

营业账簿的印花税分两类：一类是记载资金的账簿，另一类是除记载资金的账簿以外的账簿，包括日记账簿和各明细分类账簿。“记载资金的账簿”的印花税计税依据现在为“实收资本”与“资本公积”两项的合计金额，初次贴花应按照金额的万分之五缴交，以后年度资金总额比已贴花资金总额增加的，增加部分应按规定贴花。其他的账簿则按件贴花五元，要注意注销或画销。

2. 特别注意检查使用计算机记账的账簿的贴花

由于现在计算机记账已成为一种普遍方式，所以使用计算机记账的账簿贴花问题比较普遍。在（88）国税地字第 028 号文件中，第三条关于使用计算机记账如何贴花的问题规定如下：

银行使用计算机记账，按照电子计算机会计核算的账务组织和账簿设置要求，输入计算机的核算资料（包括综合、明细核算资料），需要输出打印账页，装订成册，具有账簿的作用。对通过计算机输出打印账页装订账册的，应按照规定贴花。

该文件发布的时候针对的是金融系统，文件发布的日期是在 1988 年，那时计算机记账还没有普及，只在金融系统中使用较多。

（四）书据、证照印花税的检查

产权转移书据包括财产所有权和版权、商标专用权、专利权、专有技术使用权等转移书据，应按书据所载金额的万分之五贴花。

权利、许可证照包括政府部门发给的房屋产权证、工商营业执照、商标注册证、专利证、土地使用证等，这些证照都应按件贴花五元。

三、印花税的处罚规定

印花税是典型的轻税重罚的税种，应牢记处罚规定避免因小失大。

（一）未贴少贴

《中华人民共和国印花税暂行条例》第十三条规定：在应纳税凭证上未贴或者少贴印花税票的，税务机关除责令其补贴印花税票外，可处以应补贴印花税票金额 20 倍以下的罚款。

（二）未按规定贴花

《中华人民共和国印花税暂行条例》第六条规定：印花税票应当粘贴在应纳税凭证上，并由纳税人在每枚税票的骑缝处盖戳注销或者画销。违

反此条，税务机关可处以未注销或者画销印花税票金额10倍以下的罚款。

检查时注意：贴花的应纳税凭证是否在税票的骑缝处盖戳注销或者画销（贴好印花税票后，用蓝或黑色圆珠笔、钢笔横向沿印花税票的两条三等分线（类似于把印花税票等分成上、中、下三块）上画虚线，虚线两头都要出头（各出头0.5厘米左右就行），在贴着印花税票的账簿扉页上也要有画销痕迹）。

（三）已贴税票重用

已贴用的印花税票不得重用，违反此条，税务机关可处以重用印花税票金额30倍以下的罚款。

（四）保管不当

纳税人在检查的时候还应注意纳税凭证的保存年限。《中华人民共和国印花税暂行条例施行细则》第二十五条规定：纳税人对纳税凭证应妥善保存。凭证的保存期限，凡国家已有明确规定的，按规定办；其余凭证均应在履行完毕后保存一年。

第四十一条规定：纳税人违反本细则第二十五条规定的，酌情处以五千元以下罚款。

四、印花税税收优惠政策运用的检查

印花税税收优惠政策繁多，值得注意的是：经国务院批准，为鼓励金融机构对小型、微型企业提供金融支持，促进小型、微型企业发展，自2011年11月1日起至2014年10月31日止，对金融机构与小型、微型企业签订的借款合同免征印花税。其中，小型、微型企业的认定，按照《工业和信息化部　国家统计局　国家发展和改革委员会　财政部关于印发中小企业划型标准规定的通知》（工信部联企业〔2011〕300号）的有关规定执行（财税〔201〕105号）。

检查时要运用职业敏感，根据行业经验判断企业应当享受哪些优惠。

印花税检查表

企业应纳印花税				
计税依据	税率	应纳税额	已纳税额	差额
购入合同金额				
销售合同金额				
加工合同金额				
建筑安装工程承包合同金额				
财产租赁合同金额				
货物运输合同金额				
仓储保管合同金额				
借款合同金额				
财产保险合同金额				
技术合同金额				
产权转移合同金额				
实收资本、资本公积增加额				
生产经营账册本数				
权利许可证照数				

第四节　契税的检查

一、契税简介

契税是以所有权发生转移变动的不动产为征税对象，向产权承受人征

收的一种财产税。应缴税范围包括：土地使用权出售、赠与和交换，房屋买卖，房屋赠与，房屋交换等。

契税属于财产转移税，并且由财产承受人缴纳。

（一）证税对象

1. 国有土地使用权出让

土地使用者向国家交付土地使用权出让费用，国家将国有土地使用权在一定年限内让予土地使用者的行为。

2. 土地使用权转让

包括出售、赠与和交换（不包括农村集体土地承包经营权的转移），是指土地使用者以出售、赠与、交换或者其他方式将土地使用权转移给其他单位和个人的行为。

出售是指土地使用者以土地使用权作为交易条件，取得货币、实物、无形资产或者其他经济利益的行为。（不是取得货币才算出售）

赠与是指土地使用者将其土地使用权无偿转让给受赠者的行为。

交换是指土地使用者之间相互交换土地使用权的行为。

房屋买卖指房屋所有者将其房屋出售，由承受者交付货币、实物、无形资产或者其他经济利润的行为。

房屋赠与指房屋所有者将其房屋无偿转让给受赠者的行为。

房屋交换指房屋所有者之间相互交换房屋的行为。

土地使用权交换、房屋交换的交换价格不相等的，由多交付货币、实物、无形资产或者其他经济利益的一方缴纳税款。交换价格相等的，免征契税。

3. 一些特殊的土地、房屋权属转移方式，视同土地使用权转让、房屋买卖或者房屋赠与征税

①以土地、房屋权属作价投资、入股。

②以土地、房屋权属抵债。

③以获奖方式承受土地、房屋权属。

④以预购方式或者预付集资建房款方式承受土地、房屋权属。

⑤以划拨方式取得土地使用权的，经批准转让房地产时，应由房地产转让者补缴契税。其计税依据为补缴的土地使用权出让费用或者土地收益。

（二）契税的检查

契税是由财产承受人缴纳的，所以企业如果有承受土地使用权、房屋权属的行为，则应检查相应契税的缴纳情况。

另外，有规定以划拨方式取得土地使用权的，经批准转让房地产时，应由房地产转让者补缴契税。其计税依据为补缴的土地使用权出让费用或者土地收益。

如果企业有购入的房屋固定资产，有土地使用权形式的无形资产，有将划拨方式取得土地使用权转让房地产，除去免税的情形，都要相应缴交契税。

契税的检查

本期有无承受土地、房屋的行为	购入行为		划拨土地转让行为	是否纳税	纳税额
	固定资产——房屋	无形资产——土地使用权			
评价					

二、契税税收优惠运用的检查

检查企业是否符合以下可享受税收优惠的情况：

（一）契税暂行条例规定

（1）国家机关、事业单位、社会团体、军事单位承受土地、房屋用于办公、教学、医疗、科研和军事设施的，免征；

（2）城镇职工按规定第一次购买公有住房的，免征；

（3）因不可抗力灭失住房而重新购买住房的，酌情准予减征或者免征；

（4）财政部规定的其他减征、免征契税的项目。

（二）财税〔2012〕82号规定

（1）对金融租赁公司开展售后回租业务，承受承租人房屋、土地权属的，照章征税。对售后回租合同期满，承租人回购原房屋、土地权属的，免征契税。

（2）单位、个人以房屋、土地以外的资产增资，相应扩大其在被投资公司的股权持有比例，无论被投资公司是否变更工商登记，其房屋、土地权属不发生转移，不征收契税。

（3）工商户的经营者将其个人名下的房屋、土地权属转移至个体工商户名下，或个体工商户将其名下的房屋、土地权属转回原经营者个人名下，免征契税。

（4）企业的合伙人将其名下的房屋、土地权属转移至合伙企业名下，或合伙企业将其名下的房屋、土地权属转回原合伙人名下，免征契税。

（三）财税〔2012〕4号规定

1. 公司制改造

非公司制国有独资企业或国有独资有限责任公司，以其部分资产与他人组建新公司，且该国有独资企业（公司）在新设公司中所占股份超过50%的，对新设公司承受该国有独资企业（公司）的土地、房屋权属，免征契税。

国有控股公司以部分资产投资组建新公司，且该国有控股公司占新公司股份超过85%的，对新公司承受该国有控股公司土地、房屋权属，免征契税。

上述所称国有控股公司，是指国家出资额占有限责任公司资本总额超过 50% 的，或国有股份占股份有限公司股本总额超过 50% 的公司。

2. 公司股权（股份）转让

在股权（股份）转让中，单位、个人承受公司股权（股份），公司土地、房屋权属不发生转移，不征收契税。

3. 公司合并

两个或两个以上的公司，依据法律规定、合同约定，合并为一个公司，且原投资主体存续的，对其合并后的公司承受原合并各方的土地、房屋权属，免征契税。

4. 公司分立

公司依照法律规定、合同约定分设为两个或两个以上与原公司投资主体相同的公司，对派生方、新设方承受原企业土地、房屋权属，免征契税。

5. 企业出售

国有、集体企业整体出售，被出售企业法人予以注销，并且买受人按照《中华人民共和国劳动法》等国家有关法律法规政策妥善安置原企业全部职工，与原企业全部职工签订服务年限不少于三年的劳动用工合同的，对其承受所购企业的土地、房屋权属，免征契税；与原企业超过 30% 的职工签订服务年限不少于三年的劳动用工合同的，减半征收契税。

6. 企业破产

企业依照有关法律法规规定实施破产，债权人（包括破产企业职工）承受破产企业抵偿债务的土地、房屋权属，免征契税；对非债权人承受破产企业土地、房屋权属，凡按照《中华人民共和国劳动法》等国家有关法律法规政策妥善安置原企业全部职工，与原企业全部职工签订服务年限不少于三年的劳动用工合同的，对其承受所购企业的土地、房屋权属，免征契税；与原企业超过 30% 的职工签订服务年限不少于三年的劳动用工合同的，减半征收契税。

7. 债权转股权

经国务院批准实施债权转股权的企业，对债权转股权后新设立的公司承受原企业的土地、房屋权属，免征契税。

8. 资产划转

对承受县级以上人民政府或国有资产管理部门按规定进行行政性调整、划转国有土地、房屋权属的单位，免征契税。

同一投资主体内部所属企业之间土地、房屋权属的划转，包括母公司与其全资子公司之间，同一公司所属全资子公司之间，同一自然人与其设立的个人独资企业、一人有限公司之间土地、房屋权属的划转，免征契税。

9. 事业单位改制

事业单位按照国家有关规定改制为企业的过程中，投资主体没有发生变化的，对改制后的企业承受原事业单位土地、房屋权属，免征契税。投资主体发生变化的，改制后的企业按照《中华人民共和国劳动法》等有关法律法规妥善安置原事业单位全部职工，与原事业单位全部职工签订服务年限不少于三年劳动用工合同的，对其承受原事业单位的土地、房屋权属，免征契税；与原事业单位超过 30% 的职工签订服务年限不少于三年劳动用工合同的，减半征收契税。

第九章 特定目的税类

第一节 城建税、烟叶税、教育费附加和堤围费简介

城建税、教育费附加和堤围费是除营业税外由地方征收的三大税费。城建税是城市维护建设税的简称，是为了加强城市的维护建设，扩大和稳定城市维护建设资金的来源而征收的一种税收，税率根据所在地不同分别为1%、5%、7%；教育费附加是为了发展地方性教育事业，扩大地方教育经费的资金来源而征收的税收，费率为3%；堤围费是堤围防护费的简称，是一种地方性收费，征收目的是为本地的防汛抗旱工作补充资金，按缴费人取得的营业（销售）收入计征。东莞地区除从事商业销售的单位和个人适用0.5%外，其余各类缴费人均适用1%的税率。

另外，财政部下发了《关于统一地方教育附加政策有关问题的通知》(财综〔2010〕98号文件)，要求各地统一征收地方教育附加，对已征收地方教育附加的地区统一征收率为2%。地方教育费附加属地方政府性基金，是由地方政府决定开征用于教育的地方附加费。

一、城市维护建设税及教育费附加

1. 纳税人

凡缴纳产品税、增值税、营业税的单位和个人，都是城市维护建设税和教育费附加的纳税义务人，都应当依照条例规定缴纳。

自2010年12月1日起，对外资企业2010年12月1日（含）之后发生纳税义务的增值税、消费税、营业税（以下简称“三税”）征收城市维护建设税和教育费附加。所以，自2010年12月1日起，外资企业也属于城市维护建设税的纳税人。

2. 税率和费率

城市维护建设税税率为：纳税人所在地在市区的，税率为7%；纳税人所在地在县城、镇的，税率为5%；纳税人所在地不在市区、县城或镇的，税率为1%。

上述镇指的是建制镇。

教育费附加征费率为3%，地方教育费附加征费率为2%。

3. 征免规定

（1）城市维护建设税和教育费附加，以纳税人实际缴纳的增值税、消费税、营业税税额为计税依据，分别与增值税、消费税、营业税同时缴纳。

（2）海关对进口产品代征的增值税、消费税，不征收城市维护建设税和教育费附加。

（3）对出口产品退还增值税、消费税的，不退还已缴纳的城市维护建设税和教育费附加。

（4）对“三税”实行先征后返、先征后退、即征即退办法的，除另有规定外，对随“三税”附征的城市维护建设税，一律不予退（返）还。

（5）纳税人在被查补增值税、消费税、营业税和被处以罚款时，应同时对其偷漏的城市维护建设税进行补税和罚款。

（6）增值税、消费税、营业税的代扣代缴、代收代缴义务人同时也是城市维护建设税的代扣代缴、代收代缴义务人。

（7）自2005年1月1日起执行的财税〔2005〕25号文规定：

生产企业出口货物全面实行免抵退税办法后，城市维护建设税、教育费附加的政策明确如下：

经国家税务局正式审核批准的当期免抵的增值税税额应纳入城市维护建设税和教育费附加的计征范围，分别按规定的税（费）率征收城市维护建设税和教育费附加。

2005年1月1日前，已按免抵的增值税税额征收的城市维护建设税和教育费附加不再退还，未征的不再补征。

也就是说，生产企业出口货物实行免抵退税的，在计算城市维护建设税以增值税为依据的时候，应是增值税申报表中的增值税应纳税额加上免抵退汇总表中的免抵税额之和。

应纳城建税额 =（增值税应纳税额 + 当期免抵税额 + 消费税 + 营业税税额）× 适用税率

应纳教育费附加 =（增值税应纳税额 + 当期免抵税额 + 消费税 + 营业税税额）× 适用费率

二、堤围费广东规定

（1）广东省人民政府办公厅《印发广东省堤围防护费征收使用管理办法的通知》（粤府办〔2009〕29号）；广东省物价局、财政厅、水利厅、地税局《关于加强堤围防护费收费标准管理等问题的通知》（粤价〔2009〕213号）规定。

①堤围防护费缴费人。本省行政区域内属于行政主管部门管理的江、

海堤防工程受益范围内依法成立的企业、事业单位、社会团体以及其他从事生产经营活动的单位和个体工商户，应向所在地的地方税务机关申报缴纳堤围防护费。

②征收范围和标准。

a. 农工商、建筑、交通运输、金融保险、房地产和社会服务等企业按营业（销售）总额；发电企业按年电力总产值，供电企业按年售电收入总额；银行按当期利息收入，保险公司按当期保险费收入，各类信托投资公司和财务公司等非银行金融机构按当期业务收入，分别计征 1.0‰～ 1.3‰。

b. 从事专业批发的商业企业，按营业（销售）额 0.5‰计征。

c. 外贸企业按不超过营业（销售）额 0.7‰计征（广州按 0.3‰～ 0.45‰计征）。

d. 不能按营业额计征的个体工商户，每年每户按不低于 20 元计征。

e. 对农民耕种粮食和经济作物的农田暂缓征收堤围防护费。

除有国家规定外，未经省人民政府批准，地方各级人民政府和各单位无权减免堤围防护费。

三、烟叶税

在中华人民共和国境内收购烟叶的单位为烟叶税的纳税人。

烟叶，是指晾晒烟叶、烤烟叶。

烟叶税的应纳税额按照纳税人收购烟叶的收购金额乘以相应的税率计算。

$$应纳税额 = 烟叶收购金额 \times 税率$$

烟叶收购金额包括纳税人支付给烟叶销售者的烟叶收购价款和价外补贴。按照简化手续、方便征收的原则，对价外补贴统一暂按烟叶收购价款的 10% 计入收购金额征税。收购金额计算公式如下：

收购金额 = 收购价款 ×（1+10%）

烟叶税实行比例税率，税率为 20%。

纳税人收购烟叶，应当向烟叶收购地的主管税务机关申报纳税。

烟叶税的纳税义务发生时间为纳税人收购烟叶的当天。即纳税人向烟叶销售者付讫收购烟叶款项或者开具收购烟叶凭据的当天。

第二节　城建税、教育费附加及提围费的检查

（1）由于城市维护建设税、教育费附加是以增值税、消费税、营业税三税为基础征收，所以企业在发生三税纳税义务的时候，就要一并计算城市维护建设税应纳税额，代扣代缴三税的时候也要同时代扣代缴城市维护建设税。

（2）城市维护建设税纳税人和教育费附加缴费人中凡是属于生产企业出口货物实行免抵退税办法的外资企业，要特别注意在计算的时候一定要以增值税纳税申报表主表中的增值税应纳税额（第 19 栏）加上免抵退税申报汇总表中的当期免抵税额（第 37 栏），因为外资企业是从 2010 年 12 月 1 日才开始明确征收城市维护建设税的。

（3）堤围费是按营业额来征收的，检查时对照当地要求的费率和利润表营业收入计算。

几大地方税费的检查

项目		城市维护建设税	教育费附加	地方教育费附加	堤围费
计税依据	流转税额				
	营业收入				
税率/费率					
应纳税费					
实纳税费					
评价					

检查情况汇总表

在检查的过程中，发现以下情况：
如不采取措施，将存在以下风险：

第四篇

税务健康检查结果——诊断报告及对症下药

第十章　税务健康检查报告书

税务健康检查报告书

××××有限公司：

我们接受贵公司的委托，于20　　年　月　日至20　　年　月　日对贵公司进行了税务健康检查。在进行税务健康检查时，我们主要是通过查看企业会计凭证、各种税费申报表、所得税汇算清缴报告书、有关税务处理文件以及对各种税费进行测算等进行检查的。检查过程中，我们与贵公司相关财务及税务负责人进行了广泛和深入的沟通。

本次税务健康检查，主要是为了了解情况，确认贵公司税务管理方面是否存在重大缺陷并提出概要的改进意见，但所提建议不含有具体的税务筹划建议。我们已将检查中所发现的问题及相关建议交贵公司管理层参考。问题归纳如下：

（一）税务管理工作

1.

2.

……

（二）重点税费申报缴纳情况分析

（三）风险测试结果

（四）与贵单位相关的最新政策提醒

东莞市东日税务师事务所

年　月　日

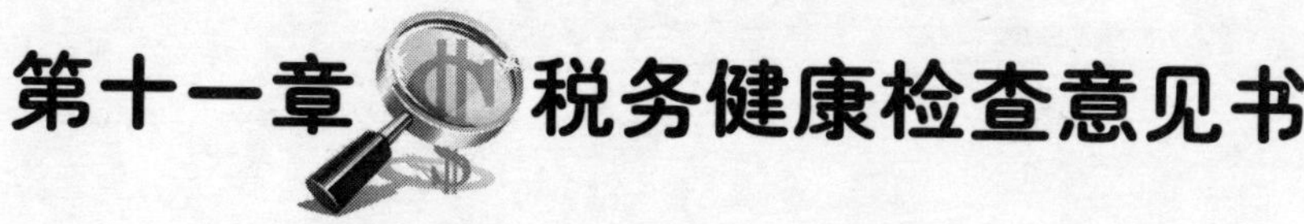

第十一章　税务健康检查意见书

税务健康管理建议书

××××有限公司：

针对贵公司税务方面出现的问题（见税务健康检查报告书），我们提出以下建议：

（根据实际情况书写）